부모를 위한

자폐스펙트럼장애 지침서

부모를 위한
자폐스펙트럼장애
지침서

대한소아청소년과학회 발달위원회 지음

아침사과

추천사

소아청소년과에서 영유아 검진을 시행한 이후 언어 지연이나 발달 지연을 주요 증상으로 호소하는 소아청소년 환자들이 많아지고 있습니다. 언어 지연을 주소로 한 아이들을 검사해보면 자폐스펙트럼장애(ASD)로 의심할 수 있는 경우가 많으며, 점점 늘어나고 있는 추세입니다. 자폐스펙트럼장애로 진단받은 아이라면 특히 조기 중재가 중요합니다. 이때 치료 전문가에 의한 ABA 치료, 언어치료, 감각통합 치료, 놀이 치료 등도 중요하지만, 아이의 발달 향상에 무엇보다 중요한 역할을 하는 것은 바로 '부모 교육'이라고 알려져 있습니다.

대한소아청소년과학회 발달위원회는 자폐스펙트럼장애에 대해 종합적이고 깊이 있는 정보를 전달하고자 이 책을 집필했습니다. 자폐스펙트럼장애의 기초적인 개념부터 최신 진단 및 치료법에 이르기까지 폭넓은 내용을 다루며, 특히 가족과 보호자에게 실질적인 도움이 될 지침을 담으려고 심혈을 기울였습니다.

이 책의 구성은 자폐스펙트럼장애에 대해 체계적으로 이해할 수 있도록 설계하는 데 중점을 두었습니다.

제1장에서는 자폐스펙트럼장애의 정의와 진단의 변화 과정을 설

명하고, 제2장은 주요 증상과 진단 기준을 다루며, 제3장에서는 조기 발견의 중요성과 선별 검사 방법을 설명합니다. 이어서 제4장과 제5장은 소아기 자폐스펙트럼장애의 원인 및 평가에 대한 정보를 제공하며, 제6장에서는 치료 및 중재 방법을 구체적으로 안내합니다. 제7장과 제8장 및 제9장에서는 공존 질환과 가족의 역할 및 여러 지원 제도를 다루고 있어 자폐스펙트럼장애 환자와 그 가족이 직면하는 다양한 문제를 종합적으로 이해할 수 있도록 돕습니다.

이 책은 자폐스펙트럼장애 환자와 그 가족뿐만 아니라 관련 전문가들에게도 귀중한 참고 자료가 될 것입니다. 특히 자폐스펙트럼장애 아이의 부모와 보호자를 위해 마련된 교육 및 지원 프로그램에 대한 구체적인 정보는 실질적인 도움을 주어 자폐스펙트럼장애 환자의 삶의 질을 향상하는 데 크게 이바지할 것입니다.

또한 각 장마다 최신 연구 결과와 과학적 근거를 바탕으로 작성했기 때문에 독자들이 자폐스펙트럼장애에 대해 좀더 깊이 있게 이해하고, 보다 효과적인 대처 방법을 찾는 데 큰 도움이 될 것입니다.

이 책을 통해 자폐스펙트럼장애에 대한 이해가 깊어지고 올바른 인식이 확산되기를 바라며, 자폐스펙트럼장애 환자와 그 가족이 보다 나은 삶을 영위할 수 있기를 기대합니다.

대한소아청소년과학회 이사장

김지홍

들어가는 말

자폐스펙트럼장애는 질환이 의심되어 확실한 진단을 받으려고 할 때 제대로 진단받는 것 자체가 쉽지 않습니다. 설사 여러 과정을 거쳐 어렵게 진단받더라도 부모에게는 진단을 받은 뒤가 더 힘듭니다. 치료를 받으려고 해도 응용행동분석 기반 행동치료, 언어치료, 놀이 치료, 감각통합 치료, 디지털 치료(컴퓨터 인지재활 치료), 미술치료, 음악 치료, 운동 치료, 심리운동 치료 등 수많은 치료 방법 중 어떤 치료를 해야 할지 막막하기만 합니다.

이 책은 자폐스펙트럼장애가 의심되거나 자폐스펙트럼장애로 진단된 자녀를 양육하는 부모가 자폐스펙트럼장애에 대해 쉽게 이해하도록 돕는 지침서입니다. 자폐스펙트럼장애에 관련된 책들은 이미 많이 나와 있으나 내용이 너무 전문적이거나 부모가 이해하기에 어려운 부분이 많았습니다. 이에 대한소아청소년과학회 발달위원회에서는 자폐스펙트럼장애 자녀를 둔 부모를 위해 최대한 쉽게 풀어낸 실용적인 지침서를 발간하게 되었습니다.

이 책에서는 가장 먼저 자폐스펙트럼장애란 무엇이고 원인에는 어떠한 것들이 있는지 알아봅니다. 그리고 자폐스펙트럼장애에 해당하는 핵심 증상을 살펴보는데, 특히 유아기 때의 자폐스펙트럼장애의 특징과 18개월 전후에 뚜렷해지는 조기 징후(위험 신호들)에는 무엇이 있는지 알아봅니다. 또한 조기 진단 및 조기 중재가 중요한 이유는 무엇이며, 이때 자폐스펙트럼장애를 어떻게 정의하고 어떻게 진단하는지, 즉 어떤 진단 체계와 진단 기준에 의하여 진단하는지 살펴봅니다. 실제 자폐스펙트럼장애를 진단 평가하려면 어떠한 평가 단계를 거치고 어떠한 평가 도구를 사용하여 진단하는지, 이러한 평가 과정에서 부모의 역할은 무엇이며, 자폐스펙트럼장애에 흔히 동반되는 공존 질환에는 무엇이 있는지 등을 알아봅니다.

나아가서 자폐스펙트럼장애의 치료에는 어떤 것이 있고, 어떻게 도움이 되는지, 즉 행동 치료와 발달 치료 중재에 대한 기본 개념(근거 기반 치료 중심)과 함께 복잡한 중재법들을 정리하여 소개했습니다. 가족에게 훨씬 저렴한 비용으로 증거 기반의 행동관리에 대한 조언을 제공해주는 모델이자 교사나 부모가 직접 중재하는 '조기 시작 덴버 모델(ESDM)'을 소개하며 자폐스펙트럼장애 치료에서 부모의 역할도 강조하고 있습니다. 이외에도 자폐스펙트럼장애에서 나타나는 특별한 행동(Challenging behaviors)에 대한 치료와 정서 치료 및 약물 치료에는 무엇이 있고, 언제 약물을 사용해야 하는지, 자폐스펙트럼장애의 공존 질환 치료는 어떻게 하며, 자폐스펙트럼장애 어린이에게서 구체적인 능력을 개발하는 데 초점을 맞춘 자폐스펙트럼장애 이외의 다른 치료(Other therapy)에는 어떤 것들이 있는지 등을 알아봅니다. 또한 보조 치료나 대체 요법이 정말 효과가 있는지에 대해서도 근거 기반에 따라 정리하고, 효과가 없는 중재법이나 근거 기반이 없는 반드시 피해야 할 중재법에 이르기까지 부모가 꼭 알아두어야 할 정보를 소개하고 있어 귀중한 돈과 시간을 낭비하지 않도록 도울 것입니다.

그리고 부모 교육에 대한 내용과 미국소아과학회의 '메디컬 홈(Medical home)' 모델에 대해서도 살펴봅니다. 아이의 상태를 전체적으로 바라보면서 어떤 치료가 더 필요하고 어떤 중재는 도움이 되지 않는지를 판단해줄 지휘 본부로 소아청소년과 전문의보다 더 적임자는 없다고 합니다. 바로 이 점에 착안한 메디컬 홈 모델은 부모와 소아청소년과 전문의가 파트너가 되어, 부모는 자녀가 받고 있는 모든 치료팀의 정보를 소아청소년과 전문의에게 제공하고, 소아청소년과 전문의는 자폐스펙트럼장애로 진단받은 후에도 계속 아이를 진료하고 부모의 걱정을 들어주며 가족과 함께 다음 치료 결정을 내리며 환자의 진료뿐만 아니라 인생전반에 책임을 가지고 조언하는 등 부모와 소아청소년과 전문의가 힘을 합쳐 자폐스펙트럼장애 어린이가 최고의 의학적 진료와 최선의 지역사회의 지지를 받도록 하는 모델입니다. 우리나라에서도 이런 시스템이 널리 확대될 수 있기를 바라는 마음이 간절합니다.

마지막으로 우리나라에서 시행하고 있는 발달장애인을 위한 지원 제도에는 무엇이 있고, 어떻게 신청해야 하는지 등 자폐스펙트럼장애 아이와 가족을 지원하는 내용과 절차에 대해서도 알아봅니다. 2023년 현재 운영 중인 전국 18개소 지역 센터의 주소 및 전화번호와 함께 지원 서비스를 이용할 때 발생할 수 있는 문제와 해결 방안에 대해서도 살펴봅니다.

아무쪼록 이번에 세상에 내놓는 《부모를 위한 자폐스펙트럼장애 지침서》를 통해 어려움에 처한 부모와 가족들이 자폐스펙트럼장애의 정의와 원인, 조기 진단과 조기 중재 및 진단과 치료에 대한 기본적인 개념을 얻고 적용하는 데 도움이 되길 바랍니다. 또한 현재 우리나라 법 제도 아래 시행되고 있는 지원 제도에 관한 다양한 정보와 미국소아과학회의 '메디컬 홈' 개념을 통하여 자폐스펙트럼장애 소아청소년이 최고의 의학적 치료와 지지를 받는 데 실질적으로 기여할 수 있기를 바랍니다.

2024년 가을

《부모를 위한 자폐스펙트럼장애 지침서》 편집위원장

정희정

CONTENTS

제4장. 소아기 자폐스펙트럼장애는 어떻게 평가할 수 있나요? (보호자가 알아 두면 좋은 정보들)

제5장. 자폐스펙트럼장애의 원인은 무엇일까요?

제6장. 자폐스펙트럼장애 환자의 치료 및 중재(Intervention)는 어떻게 할까요?

제7장. 공존 질환의 종류와 치료에는 무엇이 있을까요?

제8장. 자폐스펙트럼장애 아이의 가족은 무엇을 할 수 있을까요?

제9장. 발달장애인 지원 제도에는 어떤 것들이 있나요?

제1장

자폐스펙트럼장애는 어떤 질환인가요?

요약

자폐스펙트럼장애는 1943년 레오 캐너 박사가 처음 기술한 신경발달 질환입니다. 초기에는 아동기 조현병으로 간주했으나, 질환에 대한 연구가 발전하며 이해의 폭도 넓어져 현재는 신경발달 질환으로 재정의하고 있습니다. DSM과 ICD 질환 분류 시스템을 개정해 자폐스펙트럼장애, 아스퍼거 증후군, 소아 붕괴성 장애 및 달리 명시되지 않는 전반적 발달장애 등을 자폐스펙트럼장애 단일 질환으로 통합하고 심각도 척도를 도입하면서 진단에도 많은 변화가 있었습니다.

자폐스펙트럼장애는 사회적 의사소통 및 사회적 상호작용에 지속적인 결함이 있으면서 반복적인 행동, 일상적인 것에 대한 융통성 없는 집착, 제한된 관심사, 감각 정보에 대한 과잉 또는 과소 반응 중 2가지 이상 나타나는 경우에 진단할 수 있습니다.

유병률은 지역과 시대에 따라 달라지지만 전반적으로 증가하는 추세인데, 이는 진단 기준의 변화 및 인식 제고, 조기 개입 기회 제공 확대 등에 기인합니다. 미국 질병예방통제센터에 따르면 현재 8세 어린이 36명 중 1명이 이 질환을 가지고 있다고 합니다.

자폐스펙트럼장애의 원인은 유전과 환경의 상호작용으로 설명할 수 있는데, 2000년대 이후 유전적 원인이 주목받고 있으며, 유전에 의한 영향을 약 64~91%로 추정하고 있습니다.

질환을 조기에 발견하여 적절하게 중재하는 것은 예후에 긍정적인 영향을 미칩니다. 자폐스펙트럼장애의 증상은 다양하게 나타나며, 개인에 따라 발달 궤적과 예후가 크게 다릅니다. 예후는 진단 초기에 예측하기는 어렵지만, 일반적으로 인지와 언어 능력이 좋은 환자에게 더 나은 결과가 나타납니다. 일부 환자는 정상에 가까운 발달을 보일 수도 있지만 대부분은 평생에 걸쳐 지원이 필요합니다. 이 모든 과정에서 다양한 전문가와 원활하게 소통하며 협력하는 것이 필요하며, 가족에 대한 지원 또한 중요합니다.

자폐스펙트럼장애란?

미국 질병예방통제센터(CDC: Centers for Disease Control and Prevention)의 2020년 발표에 따르면, 자폐스펙트럼장애는 8세 어린이 36명 중 1명(2.77%)의 유병률을 지닌 신경발달 질환입니다.

1943년에 독일의 정신과 의사 레오 캐너(Leo Kanner)가 사회적 고립과 변화를 싫어하는 강박적인 성향에 초점을 맞추어 '초기 유아 자폐증'이라고 최초로 정의한 데서 유래했습니다. 1년 후인 1944년 오스트리아의 소아과 의사 한스 아스퍼거(Hans Asperger)가 사회적 상호작용, 비언어적 의사소통의 어려움, 제한적이고 반복적인 관심사와 행동 패턴을 보이지만 인지 발달이나 언어 발달 지연이 없는 경우를 '아스퍼거 증후군'으로 발표했습니다.

이처럼 초기에는 아동기 조현병으로 생각하였으나 시간이 지나면서 조현병과는 다른 신경발달 질환으로 생각하게 되었습니다.

1980~1990년대에는 유병률이 1,000명당 1명 정도였으며, 환자들을 자폐증보다는 정적뇌병증(Static encephalopathy), 주의력결핍-과잉행

동장애, 불안장애, 지적장애, 학습장애 등으로 진단하는 경우가 많았습니다.

2000년대에 들어서 미국 질병예방통제센터에서 본격적인 조사를 시작하고 미국 전역에 '자폐증 및 발달장애 모니터링 네트워크'를 설립하면서 유병률이 150명당 1명이라는 사실이 밝혀졌습니다.

1980년대에 《정신장애 진단 및 통계 매뉴얼(DSM)》 제3판(DSM-III)에서 처음으로 '유아 자폐증'을 공식 진단으로 인정했으며, 1994년 DSM 제4판(DSM-IV)에서는 자폐증을 자폐성 장애, 아스퍼거 증후군, 레트 증후군, 소아 붕괴성 장애, 달리 분류되지 않는 전반적 발달장애(PDD-NOS)를 포함하는 더 넓은 범위의 전반적 발달장애로 분류했습니다.

DSM-5는 아스퍼거 증후군과 달리 분류되지 않는 전반적 발달장애를 별도의 진단에서 삭제하고, 이를 자폐스펙트럼장애의 단일 진단으로 통합함으로써 큰 변화를 가져왔습니다. 이는 각 질환 간의 구별이 한때 생각했던 것만큼 명확하지 않다는 것에 대한 합의에 따른 것입니다. DSM-5는 자폐스펙트럼장애를 진단하기 위해'사회적 의사소통 및 사회적 상호작용의 지속적인 결함'과 '행동, 관심 또는 활동의 제한적이고 반복적인 패턴'이라는 2가지 핵심 영역을 설정했습니다. 또한 환자에게 필요한 지원 수준을 반영하는 '심각도 척도'도 도입했습니다.

자폐스펙트럼장애의 진단은 사회적 의사소통 및 사회적 상호작용의 지속적인 결함이 있으면서 반복적인 행동, 일상적인 것에 대한 융통성 없는 집착, 제한된 관심사, 감각 정보에 대한 과잉 또는 과소 반응 중 2가지 이상 나타나는 경우에 내릴 수 있습니다.

자폐스펙트럼장애는 2000년대에 들어와 쌍둥이 연구를 통해서 유전적 원인에 의한 신경발달장애라는 것이 알려지기 시작했습니다. 유전체학(遺傳體學)이 발전하면서 자폐스펙트럼장애에는 100개 이상의 유전자가 연관되어 있다는 것을 알게 되었고, 지속적으로 새로운 자폐스펙트럼 관련 유전자가 보고되고 있습니다. DSM-IV에서 자폐성 장애에 포함되어 있던 '레트 증후군'은 확실한 유전자의 이상이 보고되면서 유전성 신경 질환으로 새롭게 분류되었습니다.

현재는 자폐스펙트럼장애 환자의 약 80% 정도가 유전과 관련되어 있으며, 유전과 환경의 상호작용에 의해서 질환이 발생하는 것으로 알려져 있습니다. 이러한 유전과 관련된 원인을 발견했다는 것은 장차 정밀맞춤의학에 의해 유전자 치료를 할 수 있다는 가능성을 시사하기도 합니다.

하지만 현재 자폐스펙트럼장애에는 너무나 다양한 유전자가 관련되어 있으며, 유전자에 의한 임상 증상 또한 다양하게 나타나기 때문에 유전자 치료와 같은 근본적인 치료는 불가능한 상태입니다. 따라서 현재 자폐스펙트럼장애와 관련된 가장 중요한 문제는, 신경발달 과정과 그동안의 연구 결과에 비추어볼 때, 자폐스펙트럼장애의 발달과정에 긍정적 영향을 줄 수 있는 근거 기반의 적절한 중재 치료를 조기에 적용하는 것입니다. 중재 치료를 조기에 적용할수록 장기 예후에 긍정적 효과를 볼 수 있는데, 이를 위해서는 환자를 조기에 발견하는 것 또한 중요합니다.

자폐스펙트럼장애를 발견해 진단하는 평균 나이가 과거 미국에서는 4세 중반이었고, 현재는 3세 후반으로 나타납니다. 그러나 보호자들이 자녀들에게 문제가 있다는 것을 느끼기 시작하는 것은 12개월 무렵부터이며, 가장 많이 드러나는 연령은 18개월에서 24개월 무렵입니다. 발달 지연이 심각하다면 대부분 생후 12개월 이전에 알게 되고, 반면에 증상이 미묘한 경우에는 24개월 이후에 알게 될 수도 있습니다.

국내에서는 2007년에 전 국민 영유아 건강검진을 시작했고, 2012년에 개발된 한국형 영유아 발달 검사를 실시하면서 진단 시기가 빨라지고 있습니다. 대부분의 부모가 느끼는 발달의 첫 번째 문제는 언어 발달이 지연되는 것입니다. 선별 발달 검사에서 이상이 있는 경우 자폐스펙트럼장애 진단 검사를 포함한 심화 평가를 하게 되고, 이를 통해 자폐스펙트럼장애를 진단합니다.

진단된 경우 가능한 한 빨리 근거에 기반한 개인 맞춤형 중재 치료를 적용하는 게 필요한데, 응용행동 분석에 기반한 행동 치료, 발달놀이 치료 등이 기본이 되고, 환자에 따라 맞춤형 치료로 언어 치료, 감각통합 치료, 사회성 기술 훈련 등이 필요할 수 있습니다.

자폐스펙트럼장애 환자 중 일부는 거의 정상 발달에 가깝게 호전되기도 하나 대부분의 환자는 평생에 걸쳐서 중재 치료, 약물 치료, 사회적 지원 등이 필요합니다. 따라서 자폐스펙트럼장애란 환자, 가족, 의사, 각 분야의 치료사, 교사, 학교, 치료 센터, 지역사회 등 여러 분야의 다양한 전문가들의 협력을 바탕으로 한 장기간의 치료와 지원이 필수적인 신경발달장애라 할 수 있습니다.

자폐스펙트럼장애의 진단은 어떻게 변화해왔나요?

1940~1950년대: 질환이 처음으로 알려지기 시작한 시기

1943년에 정신과 의사 레오 캐너가 사회적 고립의 특징과 동일성에 대한 고집에 초점을 맞추어 '초기 유아 자폐증'이라는 질환으로 처음 기술했고, 1년 후인 1944년에 소아과 의사 한스 아스퍼거가 '자폐성 정신병(Autistic psychopathy)'이라고 불렀던 상태에 대해 기술했습니다. 이는 말과 언어의 특이성, 사회적 문제와 관련된 특별한 기술이나 제한된 관심이 특징인 질환이었는데, 나중에는 아스퍼거 증후군이라고 부르게 되었습니다.

1960~1970년대: 널리 알려지기 시작한 시기

자폐증과 조현병을 처음에는 감별 진단하지 못하고 자폐증을 아동기 정신분열증의 한 형태로 간주했습니다. 그러나 시간이 지남에 따라 두 질환을 각각 다른 질환으로 구별하게 되었습니다.

정신장애 진단 및 통계 매뉴얼(DSM)

진단 준거가 되는 《정신장애 진단 및 통계 매뉴얼(DSM: Diagnostic and Statistical Manual of Mental Disorders)》의 제 3판인 DSM-III부터 개정본 DSM-5에 이르기까지 정의와 범주에서의 변화가 이루어졌습니다.

1980년: DSM에 포함되어 소개

DSM 제3판(DSM-III)에서 처음으로 '유아 자폐증'을 별개의 진단으로 공식 인정했습니다. 또한 발달 이력을 바탕으로 보다 엄격한 기준을 설정하고, 30개월 이전에 발병해야 한다고 정의했습니다.

1987년: DSM-III-R

DSM-III 개정판(DSM-III-R)이 출판되면서 기준이 더욱 넓어졌습니다. 질환명이 '자폐성 장애(Autistic disorder)'로 변경되었고, 발병 기준 연령이 삭제되었습니다.

1994년: DSM-IV에 아스퍼거 증후군이 추가됨

DSM 제4판(DSM-IV)에서는 중요한 변화가 있었습니다. 자폐증(Autism)이 자폐성 장애(Autistic disorder), 아스퍼거 증후군(Asperger syndrome), 레트 증후군(Rett syndrome), 소아 붕괴성 장애(Childhood disintegrative disorder), 달리 명시되지 않는 전반적 발달장애(PDD-NOS: Pervasive developmental disorder not otherwise specified)를 포함하는 더 넓은

범위의 전반적 발달장애(PDD: Pervasive developmental disorder)로 분류되었습니다.

아스퍼거 증후군은 언어나 인지 발달에 뚜렷한 지연 없이 사회적 상호작용과 비언어적 의사소통의 어려움, 반복적인 행동 패턴, 특정 주제에 대한 강한 관심 등을 특징으로 하는 별도의 진단으로 공식 인정되었습니다.

2000년: DSM-IV-TR

DSM-IV의 텍스트 개정판(DSM-IV-TR)은 전반적 발달장애(PDD)를 더 세밀하게 구분했지만 자폐증이나 아스퍼거 증후군에 대한 기준을 크게 바꾸지는 않았습니다. 아스퍼거 증후군에서는 고기능 자폐성 장애와는 달리 언어 지연이나 인지 지연의 병력이 없다는 점이 구별점이었습니다.

2013년: DSM-5 자폐증 진단의 통합

DSM-5는 아스퍼거 증후군과 달리 명시되지 않는 전반적 발달장애(PDD-NOS)를 별도의 진단에서 삭제하고 이를 자폐스펙트럼장애의 단일 진단으로 통합함으로써 큰 변화를 가져왔습니다. 이러한 움직임은 서로 다른 질환 간의 구별이 한때 생각했던 것만큼 명확하지 않다는 점에 대한 합의에 기반하고 있습니다.

DSM-5에서는 자폐스펙트럼장애를 진단하기 위해 '사회적 의사소통 및 사회적 상호작용의 지속적인 결함'과 '행동, 관심 또는 활동의 제한적이고 반복적인 패턴'이라는 2가지 핵심 영역을 설정했습니다. 또한 환자에게 필요한 지원 수준을 반영하는 '심각도 척도'도 도입했습니다.

아스퍼거 증훈군 진단을 받은 일부 환자에게서는 더 광범위한 자폐스펙트럼장애 진단보다 아스퍼거장애 진단이 환자의 문제와 강점을 더 정확하게 표현한다고 생각되기 때문에 이러한 변화에는 다소 논란의 여지가 있었습니다.

2022년: DSM-5-TR

유병률, 위험, 예후 인자 및 진단적 쟁점 등을 업데이트했습니다.

국제질병분류(ICD) 시스템

국제질병분류(ICD: International Classification of Diseases)는 세계보건기구(WHO: World Health Organization)가 발행한 또 다른 영향력 있는 진단 매뉴얼입니다. 이는 시간이 지남에 따라 DSM과 유사한 변화를 반영해왔는데, ICD-10(1992년 발행)은 자폐성 장애와 아스퍼거 증후군에 대해 별도의 진단을 유지했습니다.

DSM-5와 마찬가지로 2022년 1월 발효된 최근 ICD-11은 자폐증 진단을 위한 통합 프레임워크를 채택하여 자폐스펙트럼장애에 대한 DSM-5의 변화를 반영했습니다. DSM-5와 마찬가지로 ICD-11에서는 신경발달장애 범주에 자폐증을 포함했습니다. 이는 발달 기간에 발생하고, 지적 기능, 운동 기능, 사회적 기능의 획득 및 실행에 심각한 어려움을 수반하는 장애로 구성됩니다. 인지 및 행동 결함은 발달 기간에 발생하는 다른 많은 장애(예: 정신분열증 및 양극성 장애)에도 존재하지만, 핵심 특징인 인지·행동·사회성의 결함이 발달 초기에 나타나서 지속되는 특징은 신경발달장애에서만 나타납니다. 발달장애의 ICD-11 분류에는 본질적으로 DSM-5와 동일한 질환이 포함되어 있어서 여기에는 자폐스펙트럼장애, 지적장애, 언어장애, 학습장애, 주의력결핍-과잉행동장애, 상동증적 운동장애, 틱장애 및 기타 명시되거나 명시되지 않은 신경발달장애가 있습니다.

DSM-5에서와 마찬가지로 ICD-11은 자폐스펙트럼장애 증상을 '사회적 상호작용과 사회적 의사소통을 시작하고 유지하는 능력의 지속적인 결함'과 '제한적이고 반복적이며 융통성이 없는 행동 패턴'의 2가지 핵심 영역으로 분류합니다. 이들 영역의 결함은 개인, 가족, 사회, 교육, 직업 또는 기타 중요한 기능 영역에 손상을 일으킬 정도로 심각해야 합니다. 이러한 어려움은 일반적으로 모든 환경에서 관찰할 수 있으며, 개인의 기능에 전반적으로 영향을 주는 특징이 있습니다.

하지만 증상의 심각도는 사회적·교육적 환경이나 기타 상황에 따라 달라질 수 있습니다. ICD-11은 DSM-5의 설명적 심각도 분류

대신 다른 세부 분류를 제안하고 있는데, 자폐증이 있는 개인의 지적 기능 및 언어 기능이 스펙트럼으로 다양하게 나타날 수 있으므로 두 영역의 손상 정도에 따라 세부적으로 분류합니다.

DSM-5와 달리 ICD-11에는 감각 입력에 대한 과잉 반응 또는 저반응이나 환경의 감각 측면에 대한 비정상적인 관심이 포함되지 않습니다. 또한 발달언어장애에 관한 섹션에는 DSM-5의 사회적 의사소통장애를 반영하는 화용언어장애를 주요 특징으로 하는 범주가 포함됩니다.

DSM 및 ICD 분류 시스템의 개발은 진단 기준을 명확히 하고 진단 관행을 표준화하는 데 매우 중요합니다. 그럼에도 불구하고 이러한 시스템은 사람이 아니라 장애를 설명하고 분류한다는 점을 기억하는 것이 중요합니다. 세계보건기구는 자폐스펙트럼장애 요약에서 자폐스펙트럼장애가 있는 것으로 확인되면 해당 어린이와 그 가족에게 개인의 필요에 따라 관련 정보, 서비스, 이송 및 중재를 제공하는 것이 중요하다고 언급하고 있습니다.

DSM 및 ICD의 분류는 임상적 중재 치료뿐만 아니라 연구, 보험 적용 범위 및 공공 정책에도 영향을 미친다는 점에서 중요합니다. 진단 기준은 자폐스펙트럼장애의 다양한 징후를 이해하고 분류해서 개인이 질환에 대한 적절한 진단과 지원을 받는 데 바람직한 방식으로 변화하고 있습니다.

자폐스펙트럼장애 환자는 얼마나 많은가요?

발생률은 시간이 지남에 따라 새로운 진단이 시작되는 것으로, 특정 집단에서 일관된 종단적 데이터가 부족한 자폐스펙트럼장애에서는 알기가 어렵습니다. 자폐스펙트럼장애의 증상과 중증도가 다양하기 때문에 다양한 연령대의 어린이에게서 진단할 수 있는데, 보고되는 것은 실제 발병이 아니라 증상을 인지한 연령입니다. 따라서 자폐스펙트럼장애에서는 발생률보다는 유병률을 일반적으로 다루는데, 유병률은 특정 시점의 인구 내 자폐스펙트럼장애 환자의 비율을 나타냅니다.

전 세계적으로 최근 수십 년 동안 자폐스펙트럼장애 진단을 받은 환자의 수가 급격히 증가했으며, 유병률의 추정치는 1970년대 약 0.04%에서 현재 1~2%로 증가했습니다. 그러나 유병률 수치는 매우 다양하며, 연구 간 또는 시기에 따라 매우 다른 방법론과 다양한 샘플링 절차 및 기타 여러 문제로 인해 차이가 있습니다. 이러한 모든 요인과 전 세계적으로 중간 소득 이하 국가의 데이터 부족을 고려하여 세계보건기구는 2012년 전 세계 자폐스펙트럼장애 유병률을 약 0.6%로 추정했습니다. 일부 연구에서는 추정치가 3%를 초과하는 것으로 나오기도 했습니다.

가장 보수적으로 추정하더라도 현재 자폐스펙트럼장애 유병률은 최소 1%라는 데 일반적으로 동의하고 있습니다. 이 수치에 따르면 유럽연합 내에는 약 450만 명이 자폐증을 앓고 있다는 뜻입니다. 그리고 이들 개인 각각에 대해 가구당 최소 3명, 즉 부모와 형제자매 1명이 자신의 삶에 직접적인 영향을 받게 됩니다. 이를 다시 말하면, 유럽연합에만 자폐스펙트럼장애 관련 인구가 1,800만 명이나 된다는 뜻입니다.

미국의 자폐스펙트럼장애 유병률을 살펴보면, 2000년에 미국 질병통제예방센터(CDC)는 8세 어린이의 자폐스펙트럼장애 유병률을 추정하기 위해 인구 기반 공중보건 감시시스템으로 '자폐증 및 발달장애 모니터링 네트워크(ADDM: Autism and Developmental Disabilities Monitoring Network)'를 구축했습니다. 2014년과 2016년에 발표된 ADDM 보고서에는 유병률이 약 68명 중 1명으로 나타났습니다.

가장 최근의 데이터는 2020년 질병통제예방센터에서 발표한 것으로, 미국의 8세 어린이 중 자폐스펙트럼장애의 유병률은 실제로 36명 중 1명, 즉 2.7%를 약간 넘는 것으로 보고되었습니다. 이 정보는 ADDM 네트워크 보고서의 일부로, 미국 전역의 11개 사이트에서 수집된 데이터를 기반으로 하고 있는데, 이 유병률은 2018년 추정치(44명 중 1명)보다 증가한 수치입니다.

또한 2020년 데이터는 자폐스펙트럼장애 진단의 성별 및 인종/민족 차이 측면에서 중요한 경향성을 알려주고 있습니다. 남아가 여아보다 자폐스펙트럼장애로 진단될 가능성이 3.8배 더 높은 것으로 나타났으며, 처음으로 조사된 11개 지역에서 8세 여아의 전체 자폐스펙트럼장애 유병률이 1%를 넘어섰습니다.

보고에 따르면, 자폐스펙트럼장애 아이들의 유병률은 계속 증가해왔습니다. 증가한 이유로는 《정신장애 진단 및 통계 매뉴얼(DSM)》의 지속적인 개정으로 진단 기준이 확대된 점과 이 매뉴얼에 자폐스펙트럼장애가 보다 포괄적인 정의인 전반적 발달장애로 포함된 것을 꼽을 수 있습니다. 또한 장애 및 그 증상에 대한 대중의 인식이 높아졌고, 자폐스펙트럼장애에 대한 선별 검사를 적극적으로 권장해왔으며, 아이들을 위한 조기 개입 및 학교 기반 서비스를 원활하게 이용하려면 진단이 필요한 점 등이 영향을 미치고 있습니다. 자폐스펙트럼장애 진단을 받은 아이들의 수가 증가한 부분적인 이유는 과거에 유전 증후군이나 지적장애로 진단되었던 환자가 자폐스펙트럼장애로 대체 진단되었기 때문이기도 하고, 생물학적 위험 요인과 관련된 자폐스펙트럼장애 유병률이 실제 증가하기 때문일 수도 있습니다.

자폐스펙트럼장애의 진단 시기에 대한 미국 질병통제예방센터의 2010년 보고에 따르면, 4세 어린이의 자폐스펙트럼장애 유병률이 8세 어린이보다 약 30% 낮은 것으로 나타났습니다. 이는 4세 아이의 확인된 유병률이 낮고 자폐스펙트럼장애와 지적장애가 함께 있는 비율이 높은 것으로 보아, 인지 능력이 정상인 자폐스펙트럼장애 아이가 늦게 진단되었기 때문일 수 있습니다.

미국 전국 조사(2009~2010년)에서 부모가 증상을 인지했다고 보고한 연령에 대한 분석에 따르면, 소수만이 3세 이전에 자폐스펙트럼장애를 의심했고, 6세 이후에 진단된 경우가 1/3 내지 절반이나 되었습니다. 진단 연령이 늦은 것은 증상이 경미했던 것과 관련이 있었습니다.

사회경제적 환경이 윤택하고 의료 서비스에 접근하기 쉬운 경우에는 자폐스펙트럼장애의 조기 진단 가능성도 높았습니다. 최근에는 진단 연령이 빨라지고 있는데 2023년 10월에 발표된 유병률 연구(Global prevalence and age at diagnosis of autism spectrum disorder: A systemic review and meta-analysis)에 따르면, 전 세계 35개국의 55개 코호트를 포함해 조사한 결과, 진단 연령은 30.9개월부터 234.6개월이었으며, 10세 이하만 포함된 연구에서는 평균 진단 연령이 43.2개월(약 3.6세)로 범위는 30.9개월에서 74.7개월 사이였습니다.

자폐스펙트럼장애는 왜 생기나요?

자폐스펙트럼장애의 병인, 즉 원인과 위험 요인은 복잡하고 다원적입니다. 연구에 따르면, 유전적 요인과 환경적 요인 모두 자폐스펙트럼장애 발병에 영향을 미치며, 이들의 상호작용에 의해 질환이 생기는 것으로 알려져 있습니다.

자폐스펙트럼장애의 병리 기전은 신경세포의 연결 장애로 인해 발생하는 것으로 생각되며, 주로 초기 뇌 발달에 영향을 미치는 유전적 변이의 영향을 받습니다.

자폐스펙트럼장애 환자의 뇌 발달 이상은 대뇌 피질, 변연계(해마 및 편도체 포함), 뇌기저핵, 시상, 뇌간, 그리고 소뇌에서 나타났으며, 이러한 이상은 변형된 신경 생성 및 비정상적인 신경세포 이동에 의해서 일어납니다. 대부분의 이상은 태아의 뇌 발달 중에 발생합니다. 한 연구에 따르면, 뇌 MRI에서 6~12개월 사이에 뇌피질 표면적의 과팽창이 특징인 초기 뇌 발달의 변화가 나타났는데, 이는 이후 손상된 사회적 기술의 발달과 관련이 있었습니다. 기능적 연구는 특히 얼굴 인식과 같은 기본적인 사회적 기술과 관련된 정보 처리의 이상을 보여줍니다.

전통적으로 자폐스펙트럼장애는 주로 유전적 요인과 뇌의 발달 과정에서의 변화와 관련이 있다고 강조해왔습니다. 그러나 최근 연구들은 환경적 요인, 특히 초기 양육 환경과 부모의 양육 태도가 자폐스펙트럼장애 발달에 어떤 역할을 할 수 있는지에 대해 연구하고 있습니다.

자폐스펙트럼장애의 정확한 원인은 알려져 있지 않지만, 유전적 요인과 환경적 요인이 복합적으로 작용하여 발생하는 다인성 요인에 의한 장애로 여겨집니다. 자폐스펙트럼장애의 신경생물학적 요인은 뇌 구조와 기능의 다양한 측면을 포함하는데 유전적 돌연변이가 주요한 요인입니다. 뇌의 구조적인 면에서 보면 초기 뇌신경세포의 과다 생성으로 인한 대두증이 있을 수 있으며, 일부 연구에서 뇌 구조의 이상이 발견되기도 합니다.

신경세포의 시냅스 형성 이상이 주요한 현미경적 이상 소견이며, 신경세포 간의 흥분과 억제의 불균형, 신경전달의 이상이 발견됩니다.

두뇌정보처리에서는 감각 지각 이상에 의한 과소 반응, 과대 반응이 나타날 수 있으며, 면역조절장애에 의해 사이토카인 불균형이 있을 수 있습니다.

환경적 요인으로는 태아기 발달 중 특정 물질이나 불리한 조건에 노출되면 뇌 발달에 영향을 미쳐 자폐스펙트럼장애로 이어질 수 있으며, 여기에는 특정 약물, 화학물질 또는 산모의 안 좋은 건강 상태가 포함됩니다. 환경적 요인은 또한 후성유전학적으로 자폐스펙트럼 관련 유전자의 발현에 영향을 미쳐 자폐스펙트럼장애를 일으킬 수 있습니다.

자폐스펙트럼장애를 설명하는 단일 신경학적 요인이나 메커니즘은 확인되지 않았습니다. 대신, 개인의 유전적·환경적 요인과 함께 다양한 요인들의 여러 조합이 임상적으로 나타나는 자폐스펙트럼장애 증상 발현에 영향을 미치는 것으로 생각됩니다. 연구가 계속됨에 따라 이러한 요인을 더 잘 이해하면 개인을 위한 보다 표적화되고 효과적인 개입이 가능해지리라 기대됩니다.

자폐스펙트럼장애의 예후는 어떤가요?

어린아이들이 자폐스펙트럼장애 진단을 받았을 때, 그 아이들의 발달 궤적과 예후를 진단 시점에 예측하기는 어렵습니다. 하지만 3세 미만일 때 종합적인 평가를 받고 자폐스펙트럼장애로 진단된 아이들 중 대부분(80% 이상)은 이후에도 그들의 진단을 유지하게 됩니다. 3세 미만의 아이들, 특히 평균 이상의 인지 능력을 가진 아이에게서 자폐스펙트럼장애의 경미한 증상을 인식하기는 더 어려울 수 있습니다.

초기 소아기 발달을 거치면서 의사소통 기술과 사회적 상호작용 증상은 개선될 수 있고, 반복적인 행동은 변화할 수 있으며, 이는 성숙의 결과 또는 중재 치료 개입에 의한 것일 수 있습니다. 일반적으로, 언어 장애가 있는 자폐스펙트럼장애 아이가 언어 장애가 없는 자폐스펙트럼장애 아이보다 사회적 어려움이 더 많은 것으로 보입니다. 지적장애를 가진 자폐스펙트럼장애 아이는 사회적 역량을 개발하는 데 가장 큰 어려움을 겪습니다. 자폐스펙트럼장애 아이의 예후는 표현형 및 인구학적 하위 그룹(예: 여아, 인종 및 민족 하위 그룹, 대두증을 가진 아이들)에서 추가적인 연구가 필요합니다.

초기 소아기에 자폐스펙트럼장애로 진단된 아이들 중 약 9%는 성인기에 자폐스펙트럼장애 진단 기준을 충족하지 않을 수 있습니다. 자폐스펙트럼장애 기준을 더 이상 충족하지 않는 청소년들은 2세 때 더 높은 인지 능력을 가졌었고, 조기에 개입 서비스에 참여했으며, 시간이 지남에 따라 반복적인 행동이 감소했을 가능성이 더 높습니다. 30개월 미만 무렵에 자폐스펙트럼장애로 진단받았거나 DSM-IV에 따른 달리 분류되지 않는 전반적 발달장애(PDD-NOS)로 진단받은 아이들이 임상 진단의 변화(예: ADHD 또는 강박장애) 가능성이 더 높습니다.

언어성 IQ에서 가장 큰 증가를 보인 청소년들이 중증도 점수가 개선될 가능성이 가장 높습니다. 실행 기능의 어려움은 전체 IQ와 독립적으로 적응하는 데 어려움을 겪는 것과 관련이 있습니다. 어린 시절 측정한 지능과 언어 능력은 성인기의 결과를 예측하는 데 중요합니다. 하지만 보고에 따르면, 자폐스펙트럼장애를 가진 고기능 성인의 삶의 질은 자폐스펙트럼장애와 관련된 증상보다는 가족 및 지역사회의 지원 여부와 더 관련이 있습니다.

많은 가족들이 자폐스펙트럼장애 진단을 받은 후 처음으로 알고 싶어 하는 것은 “아이의 미래는 어떻게 될까요?”, “내 아이는 일반 학교에 다닐 수 있을까요? 직업을 가질 수 있을까요? 결혼하고,

아이를 낳고, 독립적으로 살 수 있을까요?" 등인데 자폐스펙트럼장애 진단 자체는 현재나 미래의 전반적인 기능에 대해 거의 정보를 제공하지 않습니다. 이는 ICD-11과 같이 인지 및 언어 능력에 대한 세부 정보를 포함함으로써 다소 개선될 수 있지만, 매우 어린 시절에 이루어진 진단은 나중의 어린 시절, 청소년기, 성인기의 기능을 신뢰성 있게 예측할 수 없습니다.

예를 들어, 양호한 지적 능력을 가진 자폐스펙트럼장애 환자 중 일부는 성인이 되어 매우 높은 성취를 이루는 반면, 다른 일부는 평생 가족과 사회 서비스에 크게 의존합니다.

또한 경미한 지적장애를 가진 일부 환자는 매우 생산적인 삶을 살아가는 경우도 있고, 어린 시절 심한 행동장애나 사회적 회피를 보였던 환자가 사회에 잘 적응해 기능하는 사회적 성인이 되는 경우도 있습니다.

이처럼 다양한 경과를 보이지만, 연구에 따르면 유용한 언어 능력 없이 중등도에서 중증의 인지 장애를 가진 대부분의 자폐스펙트럼장애 환자들은 어린 시절에는 특수 교육이 필요하고, 성인기에는 취업 및 일상생활에서 지원이 필요합니다. 상대적으로 높은 지적 능력(IQ>70)을 가진 환자의 경우에는 제공되는 지원의 양에 따라 학교와 직장에서 독립적인 생활을 하고, 사회에 완전히 통합될 수 있는 정도가 크게 달라집니다. 어린 시절부터 성인기까지의 추적 연구에 따르면, 일반적으로 자폐스펙트럼장애의 핵심 증상의 심각도가 시간이 지남에 따라 감소하며, 많은 개인이 성장함에 따라 사회적 의사소통 기술도 두드러지게 개선됩니다.

긍정적인 결과의 가장 강력한 예측 요인은 언어 발달과 평균 범위 내 혹은 경계성의 비언어적 IQ를 가진 것입니다. 이처럼 인지 능력이 뛰어난 그룹 내에서 소수는 진단 기준을 벗어나 자폐스펙트럼장애의 명확한 증상이 남아 있지 않은 청소년이나 성인이 되기도 합니다. 그러나 연구에 따르면 이들이 여전히 사회적 이해, 실용적 의사소통, 주의, 자기 통제, 정서적 성숙도, 정신적 문제에서 미묘한 어려움을 겪는다고 알려져 있습니다.

일반적으로, 평균 또는 평균 이상의 지능을 가진 자폐스펙트럼장애 성인의 경우에도 장기적인 예후는 좋지 않다고 알려져 있습니다. 고등교육을 받거나 취업할 기회에 대한 접근은 제한되어 있으며, 정규직으로 일하는 경우가 3분의 1이 채 되지 않습니다. 자폐스펙트럼장애가 있는 많은 성인은 여전히 가족이나 정부 혜택에 의존하여 지원을 받고 있으며, 소수만이 의미 있는 장기적인 인간관계를 발전시킬 수 있습니다. 불행히도, 자폐스펙트럼장애가 있는 성인이 이용할 수 있는 증거 기반 개입은 거의 없으며, 평균 또는 평균 이상의 지능을 가진 개인에게는 전문적인 도움과 지원이 특히 제한됩니다.

또한 많은 자폐스펙트럼장애 성인은 자신의 기능과 삶의 질에 심각한 영향을 미치는 정신 건강 문제를 경험합니다. 자폐가 아닌 세계에 순응하고 적응해야 한다는 끊임없는 압력, 적응해서 특이한 사람으로 인식되는 것을 피하려는 스트레스, 적절한 지원 및 구조화된 일상 활동의 부족은 모두 높은 수준의 스트레스와 불안, 우울증을 가져옵니다. 또한 신체 건강 문제와 만성 장애 등이 일반 인구에 비해 자폐스펙트럼장애 성인에게 더 흔하게 나타납니다. 최근 연구에서는 자폐스펙트럼장애 성인, 특히 지적장애와 뇌전증이 있는 성인의 경우 조기 사망할 위험이 증가한다고 알려졌습니다.

제2장

자폐스펙트럼장애의 증상은 무엇인가요?

요약

이 장에서는 자폐스펙트럼장애 환자의 가족과 돌보는 사람들의 이해를 돕고자 자폐스펙트럼장애의 최신 진단 기준에 포함된 증상과 행동에 대해 객관적인 정보를 살펴봅니다. 불러도 반응하지 않거나, 특이한 반복적 행동을 보이는 등 자폐스펙트럼장애로 진단받은 아이들이 일상생활에서 드러내는 특징적이고 대표적인 위험 신호에 대해 알아보겠습니다.

그러나 위험 신호가 일부 나타난다고 해서 모두 자폐스펙트럼장애로 진단받는 것은 아닙니다. 임상전문가들은 무분별하게 자폐스펙트럼장애로 진단하거나 진단을 놓치는 것을 방지하고, 환자를 치료하거나 연구를 할 때 같은 용어를 사용하기 위하여 객관적인 기준을 세워 두었으며, 이는 전 세계적으로 통용됩니다. 가장 대표적인 객관적 기준은 DSM-5에 따른 자폐스펙트럼장애 진단 기준입니다. 진단에 필요한 핵심 증상 2가지는 '사회적 의사소통과 사회적 상호작용의 문제'와 '제한적이고 반복적인 행동, 흥미 또는 활동'이며, 이에 대한 구체적인 예를 살펴봅니다.

실제 상황에서는 환자들에게 나타나는 증상의 심각한 정도와 동반된 문제들이 다양할 수 있으므로 DSM-5에서는 심각도와 명시자(Specifier)라는 것을 두어 이를 보완하고 있습니다. 심각도는 환자에게 도움이 필요한 정도를 1~3단계로 나눈 것이며, 지정자에는 지적장애, 언어장애, 유전적 원인과 같은 다양한 의학적 상황과 환경적 원인 등이 포함됩니다.

자폐스펙트럼장애 환자들은 자폐스펙트럼장애뿐 아니라 다른 질병이나 문제들을 동반하는 경우가 많습니다. 수면장애, 뇌전증, 지적장애, 언어장애, 주의력결핍-과잉행동장애, 불안, 우울, 공격성 등은 대표적인 신경 및 정서행동 문제들입니다. 이와 같이 흔한 공존 질환에 대해서도 알아보겠습니다.

또한 자폐스펙트럼장애가 의심되는 환자에게 연령과 성별에 따라 나타날 수 있는 특징도 살펴봅니다. 자폐스펙트럼장애의 발병은 남아에게 많다고 알려져 있습니다. 검사 도구들은 대부분 소아청소년을 위해 개발된 것이 많고, 여성과 성인기의 자폐스펙트럼장애에 대해서는 상대적으로 덜 알려진 편입니다. 이 장의 후반부에서는 현재까지 보고된 내용을 바탕으로 성인과 여아 자폐스펙트럼장애의 특징을 살펴보고, 성인기 이후까지의 질병 경과 및 환자와 가족의 삶의 질을 향상할 수 있는 내용에 대해서도 짧게 살펴봅니다.

이 장에는 자폐스펙트럼장애가 무엇인지 알고자 하는 이들에게 의학적인 진단 기준에 따라 유용한 내용을 담았지만, 이는 어디까지나 질병의 특징 및 진단과 관련해 가족의 이해를 돕기 위한 길라잡이일 뿐 의사의 진찰을 대신할 수 있는 것은 아닙니다. 따라서 이 장을 읽고 자녀의 자폐스펙트럼장애가 의심된다면 소아청소년과 전문의와 상의하는 것이 좋습니다.

자폐스펙트럼장애의 위험 신호에는 어떤 것들이 있나요?

어린 자녀를 기르는 부모들이라면 "혹시 내 아이가 자폐스펙트럼장애가 아닐까?" 하는 고민을 해본 적이 있을 것입니다. 부모가 불러도 잘 쳐다보지 않는 것 같다고 느끼거나, 또래 아이들이 내 자녀보다 말이 훨씬 빠른 것을 볼 때, 아이가 특이한 것에 집착하는 것 같다거나, TV나 인터넷에서 본 소위 자폐스펙트럼장애가 있는 아이들의 모습과 비슷한 행동을 보일 때 그런 생각이 들기도 합니다. 외동아이이거나 육아에 대한 직·간접 경험이 적은 경우에는 아이가 자라는 과정에서 드러나는 다양한 모습들을 잘 모르기 때문에 부모의 걱정이 더 많아지기도 합니다.

다행히 부모가 우려하는 대부분의 행동들은 아이의 특성이나 환경에 따라 발달단계에서 일시적으로 나타나는 경우가 많습니다. 그런 경우 자녀를 이해하고 적절한 대응을 하게 되면, 아이는 더 이상 그런 모습을 보이지 않고 부모의 걱정도 자연스럽게 없어집니다. 그러나 일부 특징적인 행동들은 없어지지 않고 지속되거나 다른 문제들을 동반하면서 이후에 자폐스펙트럼장애로 진단받게 될 수도 있습니다. 그러므로 자녀를 양육하는 부모가 자폐스펙트럼장애에 해당하는 증상이 어떤 것인지 잘 아는 것이 매우 중요합니다. 부정확하거나 객관적이지 않은 정보는 부모와 자녀를 혼란에 빠뜨릴 수 있기 때문입니다.

자폐스펙트럼장애로 진단받는 아이들이 일상생활에서 보이는 특징적이고도 주의가 필요한 대표적인 위험 신호(Red flags)는 다음과 같은 것들이 있습니다.

다른 사람이 이름을 부를 때 부른 사람을 쳐다보는 것과 같은 호명반응이 돌 무렵까지도 없거나, 비행기를 가리키는 등 관심사를 표현하고자 손가락으로 가리키는 것이 없고, 인형에게 먹이는 것 같은 가장놀이를 시도하지 않고, 다른 사람들과 눈을 맞추지 않고, 다른 사람이 느끼는 감정을 전혀 이해하지 못하는 것처럼 보이고, 자신의 감정도 잘 표현하지 않으며, 언어 발달이 느린 것 등을 들 수 있습니다. 그 외에도 같은 단어나 구절을 반복하거나, 작은 변화도 싫어하고 같은 것을 고집하는 것, 의미 없이 손을 펄럭거리거나 몸을 구르는 반복적인 행동을 하는 것, 소리, 냄새, 맛 등의 감각 자극에 지나치게 민감하거나 특이한 반응을 보이는 것 등을 들 수 있습니다.

아이가 경험하는 환경이나 발달 정도에 따라서 아이마다 다르게 나타날 수 있기 때문에 이와 같은 행동들 중 한두 가지가 일시적으로 나타난다고 해서 모두 자폐스펙트럼장애라고 할 수는 없습니다. 그러나 이런 행동이 지속적으로 관찰되거나 의심스러운 경우에는 반드시 소아청소년과 전문의에게 진찰을 받는 것이 필요합니다.

이 외에도 자폐스펙트럼장애로 진단받는 아이들이 유아기에 보일 수 있는 초기 징후들에 대해서는 3장에서 자세히 살펴보겠습니다.

자폐스펙트럼장애의 진단 기준은 무엇인가요?

DSM-5에 따른 자폐스펙트럼장애의 진단 기준

역사적으로 자폐스펙트럼장애에 해당하는 증상을 소아기 정신 질환으로 생각하거나 어머니의 냉담함(Refrigerator mother)이 그 발생 원인이라고 잘못 생각하던 시기가 있었습니다. 그러나 의학이 발달하면서 자폐 증상이 발생하는 데는 생물유전학적 배경 등 다양한 발병 원인이 있음을 알게 되었습니다. 자폐스펙트럼장애의 원인과 발병 기전에 대한 의학적 이해가 증가함에 따라 최신 분류기준인 DSM-5에서는 더 이상 자폐스펙트럼장애를 정신 질환(Psychotic disorders)의 분류 아래에 두지 않고, 신경발달장애(Neurodevelopmental disorders)라는 독립적인 범주에 속한 것으로 분류하고 있습니다.

신경발달장애란 특히 소아기에 발생하는 인지적, 심리적, 의사소통, 사회성, 적응, 운동기능 문제가 뚜렷한 질병군들입니다. 자폐스펙트럼장애를 포함하여 지적발달장애, 의사소통장애, 주의력결핍-과잉행동장애, 특정학습장애, 틱장애와 같은 일부 운동장애들이 여기에 포함됩니다.

또한 DSM-5에서는 더 이상 자폐성 질환들을 이전의 분류와 같이 세부적인 하위 진단들로 나누어 분류하지 않습니다. 즉 직전의 기준인 DSM-4에서는 전반적 발달장애(PDD)라는 상위 그룹 아래 자폐장애, 아스퍼거장애, 레트 증후군, 소아 붕괴성 장애 같은 하위 질환들로 세분하였으나, DSM-5에서는 단일한 자폐스펙트럼장애(ASD: Autism spectrum disorder)라는 명칭을 진단명으로 사용하며, 이를 추가적인 하위 질환들로 분류하지 않습니다.

대신 DSM-5 진단 기준에서는 자폐스펙트럼장애를 진단하는 데 있어 2가지의 핵심적인 증상이 나타나는가를 중요시합니다. 핵심 증상이란 자폐스펙트럼장애 환자에게 두드러진 특징들을 의미하며, 사회적 의사소통과 사회적 상호작용의 결핍 및 제한적이고 반복적인 행동이 여기에 포함됩니다.

DSM-5의 자폐스펙트럼장애 기준의 또 다른 특징은 증상의 심각한 정도에 따라 단계를 나누어 표시하는 것입니다(1단계-도움이 필요, 2단계-상당한 도움이 필요, 3단계-매우 상당한 도움이 필요). 또한 지적장애, 언어장애, 의학적 유전적 이상이나 다른 신경발달장애, 정신행동장애가 관련된 경우 지정자를 표시하는 것을 권장하고 있습니다. 핵심 증상, 심각도, 지정자에 대해서는 아래에서 더 자세히 살펴보겠습니다.

DSM-5에 의해 새로운 자폐스펙트럼장애 진단 기준이 도입된 후 기존의 진단명에 익숙했던 환자들과 임상가들은 세분화된 진단들이 단일화되면서 발생할 수 있는 문제에 대해 우려를 표시하기도 했습니다. 예를 들어 이전 DSM-IV 진단 기준에 따라 아스퍼거장애라고 부르던 잘 알려진 하위 진단명이 DSM-5 진단 기준에서는 아예 없어지는 상황이 발생하는 것 등입니다. 어떤 임상가들은 환자의 이해를 돕기 위하여 아직도 아스퍼거장애라는 진단명을 사용하는 경우도 있습니다. 그러나 기존의 진단 기준에 의해 진단받은 환자들은 자폐스펙트럼장애라는 진단으로 통합되었을 뿐이고, 질병 자체가 없어진 것이 아닙니다.

핵심 증상

핵심 증상이란 자폐스펙트럼장애로 진단하려고 할 때 환자에게서 관찰할 수 있는 가장 핵심적인 특성들을 의미합니다. DSM-IV에서는 자폐장애의 증상을 사회적 상호작용의 질적 저하, 의사소통의 질적 저하, 제한적이고 반복적인 행동의 3가지 영역으로 크게 나누었으나, DSM-5에서는 핵심 증상을 '사회적 의사소통과 사회적 상호작용의 결핍'과 '제한적이고 반복적인 행동'이라는 2가지 영역으로 나누어 기술하고 있습니다.

사회적 의사소통과 사회적 상호작용의 결핍

(아래의 3가지 결핍 모두)

- 사회-정서적으로 주고받는 능력의 결핍: 주고받는 대화나 의사소통을 시작하거나 유지하는 것의 어려움, 상호작용을 시작하는 것의 어려움, 다른 사람과 주의를 공유하거나 흥미나 감정을 나누는 것과 같은 사회적이고 정서적인 상호작용의 어려움
- 사회적 상호작용을 위해 이용되는 비언어적 의사소통 행동의 결핍: 비정상적인 눈맞춤, 자세, 얼굴 표정, 음성 톤과 제스처 및 이를 이해하는 능력의 부족과 같은 비언어적 의사소통의 문제
- 상호관계를 만들고, 유지하고 이해하는 능력의 결핍: 다른 사람에 대한 관심 부족으로부터 가장 놀이, 나이에 적합한 사회적 활동에 참여하는 것의 어려움, 서로 다른 사회적 기대 상황에 적합하게 행동하는 것의 어려움에 이르기까지 관계를 유지하는 것이 심각한 정도로 어려움

제한적이고 반복적인 행동, 흥미 또는 활동

(아래의 4가지 증상 중 2가지 이상)

- 정형화되고 반복적인 운동 동작 및 사물의 사용 또는 발성: 단순한 동작 반복, 장난감을 일렬로 늘어놓기, 손이나 물건을 펄럭거리기, 반복적인 말, 특이한 구절 반복하기 등
- 같은 것을 고집함, 루틴에 대한 융통성 없는 집착, 의례화된 언어적·비언어적 행동 패턴에 대한 과도한 집착 또는 변화에 대한 과도한 저항: 작

은 변화에도 극도로 저항함, 인사 의례, 완고한 생각 패턴, 날마다 같은 루틴을 하거나 같은 음식 먹기

- 과도하게 제한된 관심사를 보이며 비정상적인 강도로 특이한 집중: 특이한 사물에 과도하게 집착하거나 마음을 뺏기는 것, 과도하게 제한적이거나 지속적으로 관심 갖기
- 감각 입력에 대한 과다 또는 과소 반응, 환경 내 감각적 요소에 대한 특이한 관심: 온도나 통증에 관심 없음, 특정한 소리나 질감에 과도한 반응, 과도한 냄새 맡기 또는 만지기, 빛이나 움직이는 시각 자극에 대한 매료

위의 증상들은 자폐스펙트럼장애로 진단받는 아이들에게서 나타나는 핵심적인 특징들입니다. 사회적 의사소통과 사회적 상호작용 영역에 해당하는 3가지 결핍 증상을 모두 지니고 있으면서, 제한적이고 반복적인 행동 영역의 2가지 증상 이상을 가지고 있어야 진단 기준을 충족하게 됩니다. 그러나 위의 증상들 중 일부가 나타난다고 모두 자폐스펙트럼장애에 해당하는 것은 아니고, 증상들이 지속적으로 나타나고 전반적인 발달 지연이나 다른 원인으로는 설명되지 않는 수준이어야 합니다.

심각도

DSM-5 진단 기준은 증상의 종류뿐만 아니라 심한 정도에 따라서도 그 기준을 나누고 있습니다. 심한 정도에 따라 기준을 나누는 것은 환자에게 필요한 서비스를 제공하며 증상의 정도를 추적하는 것에 도움이 됩니다. 심각도는 사회정서 영역과 제한적이고 반복적인 행동에 대하여 평가되며, 심각한 정도에 따라 3단계 수준으로 구분해 '도움이 필요', '상당한 도움이 필요', '매우 상당한 도움이 필요' 단계로 표시하고, 핵심 영역과 그 예에 따른 심각도에 대한 자세한 설명은 다음과 같습니다.

1단계_도움이 필요

- 사회정서 영역: 사회적 의사소통의 결함으로 인해 적절한 도움이 없으면 눈에 띄는 장애가 발생함. 사회적 상호작용을 시작하는 것에 어려움이 있으며, 다른 사람의 사회적 제안에 대해 비정형적이거나 성공적이지 못한 반응의 예를 명백하게 보임. 사회적 상호작용에 대한 관심이 감소한 것처럼 보일 수 있음.
- 제한적이고 반복적인 행동 영역: 한 가지 이상의 상황에서 융통성 없는 행동으로 기능의 심한 방해를 초래함. 활동을 전환하는 것에 어려움이 있음. 조직과 계획의 어려움이 독립적으로 되는 것을 방해함.

2단계_상당한 도움이 필요

- 사회정서 영역: 언어적·비언어적인 사회적 의사소통 기술에서 뚜렷한 결함을 보임. 적절한 도움이 있어도 사회적 장애가 명백하게 나타남. 사회적 상호작용을 시작하는 것에 제한이 있으며, 다른 사람의 사회적 제안에 대해 소극적이거나 비정상적인 반응을 보임.
- 제한적이고 반복적인 행동 영역: 융통성 없는 행동, 변화에 대처하는 것을 어려워하는 행동, 다른 제한적이고 반복적인 행동들이 우연한 관찰자에게도 자주 명백히 보이고, 여러 상황에서 기능을 방해함. 관심이나 행동을 바꾸는 것에 긴장하거나 어려워 함.

3단계_매우 상당한 도움이 필요

- 사회정서 영역: 언어적·비언어적인 사회적 의사소통 기술에서 심한 결함을 보여서 기능에 심한 장애를 초래함. 사회적 상호작용을 시작하는 것이 매우 제한되어 있고, 다른 사람의 사회적 제안에 대하여 최소한의 반응만 보임.
- 제한적이고 반복적인 행동 영역: 융통성 없는 행동, 변화에 대처하는 것을 극도로 어려워하는 행동, 다른 제한적이고 반복적인 행동들이 모든 상황에서 기능을 두드러지게 방해함. 관심이나 행동을 바꾸는 것에 극도로 긴장하거나 어려워 함.

지정자

DSM-5 진단 기준에서는 자폐스펙트럼장애 경과 지정자(Course specifiers)라는 것을 이용하여 자폐스펙트럼장애 환자들이 보이는 증상의 다양성을 설명하고자 합니다. 이러한 지정자에는 지적장애, 언어장애, 유전적 원인과 같은 다양한 의학적 상황과 환경적 원인 등이 포함됩니다. DSM-5 진단 기준에서는 레트 증후군 환자들이 더 이상 자동적으로 자폐스펙트럼장애로 진단받는 것은 아니지만, 많은 신경유전성 질환을 갖고 있는 환자들이 자폐스펙트럼장애의 진단 기준을 충족합니다. 이처럼 특정한 유전 질환이 자폐스펙트럼장애를 유발하는 원인이 된다면 이를 같이 표시하도록 안내하고 있습니다.

진단 기준 적용 시 유의사항

DSM-5 진단 기준은 아주 어린아이들과 증상이 비교적 가벼운 아이들을 더 잘 찾아내는 것으로 알려져 있습니다. 인지 기능의 저하가 심하지 않고, 적응 능력이 나은 아이일수록 조기 치료에 상당한 효과가 좋습니다.

자폐스펙트럼장애가 의심되더라도 실제 현실에서는 다양한 모습으로 나타날 수 있습니다. 어떤 경우에는 유아기부터 증상이 나타날 수도 있고, 어떤 경우에는 나이가 들어서 사회적 요구가 현실적 능력에 비해 커지기 전까지는 증상이 완전히 나타나지 않을 수도 있으며, 또 성별에 따라서 차이가 있을 수도 있습니다. 어떤 경우에는 자폐스펙트럼장애가 아닌 다른 원인으로 인한 증상이지만 유사한 증상으로 나타나는 경우도 있습니다.

따라서 DSM-5 진단 기준에 따라 자폐스펙트럼장애로 진단받기 위해서는 해당하는 증상들이 다른 진단명으로는 더 잘 설명되지 않고, 일상생활에서 자폐스펙트럼장애 증상으로 인해 실질적인 기능 저하(학교, 가정, 사회생활에 문제가 발생)가 드러나야 한다고 덧붙여 기술하고 있습니다.

자폐스펙트럼장애로 진단받은 환자라도 모두 같은 상황은 아닙니다. 어떤 자폐스펙트럼장애 환자는 지적 지연이나 언어 지연의 정도가 심하지 않을 수도 있고, 어떤 환자는 소아 시기에는 진단 기준을 만족했지만 자라면서 호전되어 증상이 모두 없어지지는 않았으나 더 이상 진단 기준을 모두 만족하지는 않는 수준인 경우도 있습니다. 이런 경우에도 부족한 부분에 대한 치료는 도움이 될 수 있으나, 국가별로는 다양한 보건서비스의 정책 기준을 정해두고 있기 때문에 상황에 따라 특수 치료에 대한 지원 기회가 없어질 수도 있다는 문제가 있을 수 있습니다.

자폐스펙트럼장애아의 흔한 공존 문제는 무엇인가요?

자폐스펙트럼장애 환자들은 자폐스펙트럼장애뿐 아니라 다른 질병이나 문제를 동시에 갖는 경우가 많은데 이를 공존 문제라고 합니다. 공존 문제의 원인과 종류는 다양합니다. 때로는 유전 질환이 자폐스펙트럼장애와 다른 공존하는 신체 질환들의 근본적 원인이기도 하며, 때로는 자폐스펙트럼장애 행동의 심한 정도와 공격성, 불안과 같은 정서적인 문제들이 서로 영향을 주고받기도 합니다. 공존 문제가 있으면 환자 자신의 치료가 가중되는 것은 물론 가족들에게도 상당한 영향을 미칠 수 있으므로 더욱 세심한 접근과 치료가 필요합니다.

흔한 공존 문제로는 수면장애, 뇌전증 발작, 지적 지연, 언어장애, 주의력결핍-과잉행동장애, 불안, 우울, 강박, 공격성과 같은 신경계 및 정서행동 문제들입니다. 자폐스펙트럼장애 환자의 30% 정도는 지적 지연을 동반하며, 30% 정도는 최소한의 언어 수준만을 보입니다. 또한 음성과 운동틱 증상이 동반되는 뚜렛 증후군도 종종 나타납니다. 조화운동 이상, 감각 처리 이상, 뻣뻣해지는 자세, 복통, 배변장애, 편식, 섭식 문제, 비만, 치아 문제, 비타민 D와 칼슘의 결핍, 음식이 아닌 물질을 입에 넣거나 먹는 행동, 납중독 등도 또래 아이들보다 더 자주 발견됩니다. 있어야 할 장소를 떠나서 배회하는 행동도 나타날 수 있는데, 물이 있는 장소나 차도 등 위험한 장소에서 사고가 날 위험이 있으므로 예방에 주의해야 합니다.

자폐스펙트럼장애 환자에게서 자폐 증상 외에도 의학적 문제와 정서행동장애가 있는지 확인하는 것은 개별화된 진단 절차와 치료 계획을 세우기 위한 시작이라고 할 수 있습니다. 자폐스펙트럼장애를 포함한 신경발달장애 질환들은 뇌전증, 운동 이상, 신경유전성 질환과 같은 다양한 신경학적 질환들을 동반할 수 있기 때문에 진단 과정에서 문진, 신체 진찰, 발달 평가뿐만 아니라 표준적인 신경학적 진찰을 받는 것이 필요합니다. 소아신경전문의는 신경발달 질환에 대한 자세한 진찰을 시행하며 자폐스펙트럼장애의 원인이 될 수도 있는 의학적 원인들을 찾아냅니다. 뇌전증이 의심되거나 이유 없이 퇴행이 의심되는 경우에는 뇌파나 뇌영상 검사, 유전학적 검사 등을 추가로 시행할 수 있으며, 정신건강의학과, 재활의학과, 자격을 갖춘 전문가나 치료사, 사회복지사 등 다양한 타 분야의 전문가 및 치료사들과 협동할 필요가 있습니다. 대표적인 공존 질환과 증상들로는 다음과 같은 것이 있습니다.

주의력결핍-과잉행동장애

자폐스펙트럼장애아의 절반 이상에서 주의력결핍-과잉행동장애 진단을 받을 수 있는 수준의 주의집중 문제가 관찰됩니다. 처음에는 주의력결핍-과잉행동장애 증상처럼 보이다가 나중에 자폐스펙트럼장애로 판명되는 경우도 있습니다. 언어장애가 동반된 경우에는 더욱 산만하게 보일 수 있습니다. 자폐스펙트럼장애가 있는 아이는 한정된 주제에 특히 집중하는 경향이 있을 수 있어서 주변의 환경에 의해 집중이 흩어지는 것이 덜한 것처럼 보이기도 하지만 항상 그런 것은 아닙니다.

불안, 우울

불안과 우울 같은 정서적 문제들은 일반인에 비해 높은 빈도로 발생합니다. 인지 기능과 언어 능력이 정상범위에 있는 자폐스펙트럼장애 환자에게 자주 발견됩니다. 소아 초기에는 과잉 반응을 하는 행동 문제처럼 보일 수도 있습니다. 자폐스펙트럼장애에서 불안과 우울이 많은 이유에 대해서는 생물학적 원인 등 여러 가지 설명이 있으나, 다른 사람의 의도나 생각을 잘 이해하지 못하기 때문에 항상 불안한 상태에 있을 수도 있습니다.

불안이 높은 경우에는 상동행동이 더 늘어날 수 있습니다. 우울은 자폐스펙트럼장애 환자의 약 1/3에게서 발견할 수 있으며, 특히 청소년기 이후에 더 증가할 수 있습니다. 자폐스펙트럼환자의 자살 시도는 일반인에 비해 높은 것으로 알려져 있습니다. 미국소아과학회(American Academy of Pediatrics)에서는 12세 이상의 자폐스펙트럼장애 환자들에게 우울증 선별 검사를 받도록 권장하고 있습니다.

뇌전증

자폐스펙트럼장애를 가진 환자들의 약 7~23%가 발작할 수 있으며, 높은 경우는 약 46%의 환자에게 발작이 일어날 수 있다고 합니다. 약 6% 정도는 반복성 발작을 보이는 뇌전증 진단을 받을 수 있습니다. 이는 일반 인구에 비해 매우 높은 빈도이나, 겉으로 드러나지 않는 반복적 발작을 포함한다면 실제 뇌전증이 있는 경우는 더 많을 수 있습니다.

행동 문제의 어려움이 있는 상태에서 발작하는 경우 발작 중 다칠 수 있는 손상의 위험이 더 클 수 있습니다. 모든 환자에게 뇌파 검사를 시행하는 것은 아니지만 발작이 의심되는 행동이 있거나 퇴행이 보인다면 뇌파 검사와 함께 치료를 받는 것이 필요합니다.

수면 이상

수면 문제는 자폐스펙트럼장애아의 상당수에게서 발생하며, 많게는 50~80%까지도 보고됩니다. 야간 수면이 부족하면 낮 동안의 행동에 영향을 미칠 수 있습니다. 자폐스펙트럼장애로 진단받는 환자들은 영유아기에 수면과 관련된 문제가 있었던 것이 종종 발견됩니다. 소아 환자의 수면 문제는 청소년기까지도 이어지는 경우가 많은데, 청소년기의 자폐스펙트럼장애 환자들은 늦게 잠들고, 전체 수면 시간이 짧으며, 낮에 졸음을 느끼기 쉽습니다.

유전 이상

자폐스펙트럼장애는 다양한 유전적 이상이 원인이 되어 발생할 수 있으며, 취약X염색체 증후군이나 결절성 경화증 등을 대표적인 예로 들 수 있습니다. 유전의학기술의 발달로 전체 자폐스펙트럼장애 환자의 25~35% 정도에서 유전적 원인을 확인할 수 있습니다. 자폐스펙트럼장애의 행동 증상 외에 기형과 같은 다른 신체 이상들을 동반할수록, 더 정밀하고 포괄적인 검사를 시행할수록 유전적 원인이 발견될 확률은 더 높아집니다. 전체 환자 중에서 어떤 특정한 유전성 질환이 차지하는 비율은 높지 않으나, 현재까지 단일염기서열(Single base nucleotide) 또는 미세결실 또는 중복 이상(Copy-number variations or CNV) 등 최소 100여 개 이상의 다양한 유전 이상이 자폐스펙트럼장애 환자들에게서 발견되고 있습니다.

정밀한 유전 검사일수록 검사 비용이 많이 들 수 있고, 때로는 미세한 결과 이상에 대한 정확한 해석이 어려울 수도 있다는 단점이 있습니다. 그러나 유전적 원인을 찾아내는 것은 원인을 아는 것뿐 아니라 다른 가족에게 발생할 수 있는 위험성을 확인하고, 관련된 심장이나 뇌 등 다른 장기 이상의 위험성을 발견하여 의학적 치료 계획을 세우는 데에도 도움이 됩니다.

성인과 여성의
자폐스펙트럼장애

성인기의 자폐스펙트럼장애

성인에게서 자폐스펙트럼장애를 진단하는 것은 쉽지 않습니다. 이는 진단 도구들이 소아청소년을 대상으로 개발되어 있는 경우가 많고, 종종 어린 시절의 발달과정을 자세히 알기 어렵기 때문이기도 합니다. 성인 환자를 진단할 때는 자기보고식 자료나 형제자매, 친구, 배우자로부터 얻은 종합적인 자료에 의존하게 됩니다. 게다가 성인기에는 자폐스펙트럼장애 증상이 소아기에 비해 두드러지지 않게 보일 수도 있는데, 특히 인지 기능이 어느 정도 발달한 성인 환자들은 자신의 어려움을 어느 정도 가리는 방법을 발달시킬 수도 있습니다. 때로는 우울증이나 불안과 같은 이차적인 증상들이 겹쳐져 진단을 더 어렵게 하기도 합니다.

상대적으로 지적 능력이 발달한 성인 자폐스펙트럼장애 환자라면 사회적인 상호작용이나 의사소통에 지속적인 어려움을 겪거나, 융통성이 없는 반복적인 행동을 보이거나, 변화에 저항하고 제한된 관심사를 보이는 것과 같은 자폐스펙트럼장애의 핵심 증상과 직업이나 교육을 유지하는 것의 어려움, 사회적인 관계를 지속하는 것의 어려움을 보일 수 있습니다.

지적 기능이 낮은 성인 자폐스펙트럼장애 환자라면 다른 사람들에게 무관심하거나, 일방적이고 특이한 방법으로 제한적인 상호작용을 보이거나, 필요한 것을 요청할 때만 상호작용을 하거나, 공감을 표현하는 것이 제한되거나, 변화에 저항하고 루틴을 고집하거나, 특히 심한 스트레스나 감정을 표현하는 상황에서 두드러진 상동행동(예: 구르기, 손 흔들기)을 보일 수 있습니다. 환자는 자신의 상황을 객관적으로 전달하기 어려울 수 있기 때문에 환자에 대한 진찰뿐만 아니라 가족이나 보호자의 말을 종합하여 판단해야 합니다.

또한 성인이 된 환자가 과거에 아동발달 서비스를 받았던 기록이나 초기 신경발달 문제에 대한 진료기록(과거 운동이나 언어 이상, 발작 등 소아신경과 진료기록 등)을 검토하여 성장 과정을 되짚어보고, 현재의 인지적 수준과 실제 기능 수준의 차이 등을 종합하여 진단에 참고하게 됩니다.

여성의 자폐스펙트럼장애

자폐스펙트럼장애는 여성보다 남성에게서 3~4배나 높게 발생한다고 알려져 있으며, 평균 이상의 지능을 가진 경우에는 8~9배나 더 많이 나타날 수도 있습니다.

그러나 최근 연구 결과에 따르면, 많은 여성 자폐스펙트럼장애 환자들이 아예 진단을 받지 못하고 지내는 것일 수도 있는데, 이는 여성과 어린 여아들에게 나타나는 증상이 비전형적일 수 있기 때문입니다. 특히 여아의 경우 사회적 의사소통의 장애가 때로 남아의 경우보다 경미해 보이거나 가려져 보일 수 있습니다. 여아의 경우 남아보다 사회적인 경우가 많고, 한두 명 정도의 친구는 있을 수 있습니다. 또 남아에 비해서 상상놀이를 할 수 있거나 감정과 관련된 단어를 더 많이 사용하는 경향이 있고, 상동행동을 보이는 경우가 더 적게 나타나거나, 한정된 관심사를 갖는 경우에도 사회적 맥락을 갖는 경우가 있습니다.

진단받지 못하고 성인이 된 여성 자폐스펙트럼장애 환자들은 성격장애나 다양한 정신건강의 문제들 때문에 그런 것으로 오인되기도 합니다. 현재 사용하고 있는 자폐스펙트럼장애 진단 기준은 성차를 고려하고 있지 않으므로, 여성에게서 자폐스펙트럼장애를 진단하는 것은 더 자세한 관찰을 필요로 할 수 있습니다. 따라서 처음에는 임상적인 진단 기준에 못 미치는 것처럼 보이더라도 확진에 이르기까지 몇 번의 진료가 필요할 수 있습니다.

진단을 받지 못하거나 진단이 매우 늦어지면서 도움을 받지 못하는 것은 어려움을 가중시킵니다. 일반적인 또래처럼 보이도록 노력하는 과정에서 여아들이 겪게 되는 스트레스는 정서적인 어려움이나 다른 문제들로 이어질 수 있고, 사회적 관계에서 보이는 일종의 순진함은 희생양 또는 공격성(때로는 성적인 공격성)의 대상이 되거나, 착취 문제에 노출되는 위험이 있을 수도 있습니다.

자폐스펙트럼장애의 삶의 경과, 삶의 질 향상을 위한 노력

삶의 경과

자폐스펙트럼장애 진단을 받으면 환자의 가족들은 아이의 장래에 대해 걱정하게 됩니다. 아이가 학교에 들어가고, 직업을 갖고, 결혼, 출산 등 독립적 생활을 하는 것에 대해 걱정하게 됩니다. 현재까지 이에 대한 객관적인 연구 결과는 많지 않습니다. 그러나 아주 어린 시기에 진단 받은 경우 소아청소년 후기와 성인기의 결과를 예측하기는 어렵습니다. 자폐스펙트럼장애가 있더라도 지적 능력이 좋은 아이는 성인기에 매우 훌륭한 성취를 거두는 경우도 있고, 반면 일생에 걸쳐 가족의 도움과 사회 서비스를 필요로 할 수도 있습니다. 경도의 지적장애가 있더라도 매우 풍요로운 삶을 사는 경우도 있고, 행동 문제가 심각해지는 경우도 있습니다. 어릴 때 사회적 행동 문제나 회피가 심했지만 자라면서 잘 적응하여 사회적인 성인이 되기도 합니다.

소아청소년기부터 성인기에 이르는 동안 대개 자폐스펙트럼장애의 핵심 증상의 정도는 차츰 약해지는 경우가 많습니다. 사회적 기능과 의사소통 능력도 상당히 호전되는 것을 볼 수 있는데, 특히 언어가 발달되어 있고 비언어성 인지 능력도 평균과 비슷한 수준인 환자의 경우 더욱 나은 것으로 알려져 있습니다. 그러나 중등도 이상의 지적 지연이 있는 대다수의 자폐스펙트럼장애 환자들은 특히 언어 발달이 이루어지지 않는 경우 지속적으로 특수 교육을 받는 경우가 많고, 성인기에도 취업과 일상생활을 유지하려면 도움을 필요로 하게 됩니다.

자폐스펙트럼장애 환자의 성인기 이후의 성과는 다양하지만, 전반적인 성인 환자들의 결과는 교육이나 취업, 정신건강 문제에 있어서 아직까지는 그리 좋은 편이 아닙니다. 고등교육의 기회나 전일제 취업의 비율이 일반 인구보다 낮습니다.

여러 가지 치료가 제안되고 있으나 성인 자폐스펙트럼장애 환자를 위한 근거에 기반한 중재 치료는 많지 않으며, 전문가의 도움도 지적 수준이 평균 이상인 환자들에게 한정되는 경향이 있습니다. 많은 성인 자폐스펙트럼장애 환자들이 정신건강의 문제를 겪고 있으며, 이것이 삶의 질을 저하시키는 데 영향을 미칩니다. 한편으로는 환자가 '비자폐적인 세상'에서 그렇게 보이지 않기 위하여 자신을 끊임없이 맞추려고 '가장'하는 것과 환자들에 대한 체계적인 지원이 부족한 것은 높은 스트레스와 불안과 우울을 유발할 수 있습니다.

자폐스펙트럼장애 환자의 노년기 삶에 대한 연구 결과는 아직까지 잘 알려져 있지 않습니다. 한 연구에 따르면, 언어적 기억 능력은 일반적인 노화 과정과 비슷하지만 시각과 작업 기억은 일반적인 노인에 비해 더 잘 보존된다고도 합니다

환자와 가족의 삶의 질 향상을 위한 노력

전 세계적으로 자폐스펙트럼장애의 진단 기준은 DSM 또는 ICD 같은 공통의 기준을 따르고 있는데, 이는 자폐스펙트럼장애의 핵심 증상은 문화적으로 큰 차이가 없이 나타난다는 것을 의미하기도 합니다. 그러나 자폐스펙트럼장애 환자가 있는 가족의 삶의 질은 나라마다 차이가 있을 수 있습니다. 아시아와 유럽을 포함한 7개국의 자폐스펙트럼장애 환자 부모의 삶의 질을 비교한 최신 연구 결과에 따르면, 보건의료 서비스에 대한 접근성이 높고, 다양한 조기 중재 프로그램이 잘 개설된 나라에서는 부모가 느끼는 삶의 질이 그렇지 못한 국가에 비해 좋았으며, 자녀의 자폐스펙트럼장애 진단으로 인한 부담도 더 적은 것으로 나타났습니다. 장애가 있는 환자 가족의 삶의 질은 환자에 대한 치료만큼 중요한데, 이러한 문제를 해결하는 데 있어 국가 차원의 노력이 중요함을 보여줍니다.

자폐스펙트럼장애 환자 본인이 스스로 느끼는 삶의 질에 대한 연구는 가족에 대한 연구에 비해 상대적으로 많지 않은 편입니다.

이는 환자의 특성상 정확한 평가를 하기가 어렵기 때문이기도 합니다. 그러나 자폐스펙트럼장애 환자를 대상으로 시행한 일부 연구 결과는 '객관적으로 좋은 결과들(취업, 독립적인 생활, 사회적 참여 등)'이 항상 '환자가 느끼는 좋은 삶의 질(신체적·정신적 건강, 좋은 이웃, 가족과 접촉 등)'과 일치하는 것은 아닐 수 있음을 시사해줍니다. 성인이 된 자폐스펙트럼장애 환자 180명을 연구한 최근 결과에 따르면, 일상생활에서 자립기술 능력이 더 발달하고 집행 기능이 좋을수록, 또 어머니의 온정성(목소리의 톤, 공감과 관심의 표현) 정도가 높을수록 더 좋은 결과를 얻었습니다.

우리나라의 발달장애아에 대한 사회적 관심과 공공 서비스 차원의 지원은 아직 초기 단계에 불과합니다. 자폐스펙트럼장애 환자들을 진단하는 것에서 그치는 것이 아니라 치료 체계로 빠르게 이송하고, 환자와 가족에 대한 지원을 확대하기 위한 적극적인 제도 개선이 필요합니다. 전문적인 진단과 적절한 치료 서비스로의 연결 및 가족 지원 서비스의 확대는 환자를 포함한 가족 전체의 삶의 질을 개선시킬 수 있을 것입니다.

제3장

자폐스펙트럼장애를 일찍 발견할 수 있을까요?

요약

자폐스펙트럼장애를 조기에 발견하고 적절한 치료를 시작하는 것은 아이의 발달에 많은 차이를 가져올 수 있습니다. 미국소아과학회는 이를 강조하며 자폐스펙트럼장애를 조기 발견하기 위해 '유아기 자폐 체크리스트(M-CHAT)'와 같은 선별 검사를 권장합니다. M-CHAT는 부모가 쉽게 시도할 수 있는 설문지로, 자폐스펙트럼장애의 위험이 있는 아이를 조기에 발견하는 데 도움이 됩니다. 이를 통해 아이는 조기 개입 치료를 받을 수 있으며, 이는 자폐스펙트럼장애의 예후를 개선하는 데 도움이 됩니다.

그러나 현재의 선별 검사에는 몇 가지 한계가 있습니다. 예를 들어 언어와 문화적인 차이를 고려하지 못할 수도 있고, 경미한 증상을 가진 아이들을 놓치는 경우도 있습니다. 따라서 앞으로 보다 정교하게 언어와 문화적 차이를 고려한 다양한 선별 검사가 개발되어야 하며, 선별 검사의 결과를 신뢰할 수 있도록 의료진과 부모 간의 협력을 강화해야 합니다.

자폐스펙트럼장애를 조기에 발견하는 것은 아이의 미래를 결정짓는 중요한 요소입니다. 따라서 보다 효과적인 선별 검사와 이를 통한 적절한 개입은 자폐스펙트럼장애 아이의 삶의 질을 향상시키는 데 중요한 역할을 합니다. 이를 위해 정부와 의료기관, 학교 등이 협력하여 보다 효과적인 선별 및 치료 시스템을 구축하는 것이 필요합니다.

자폐스펙트럼장애를 조기에 발견하여 이른 시기에 치료를 시작하는 것은 치료 결과에 많은 차이를 가져올 수 있으므로 매우 중요합니다. 영유아 건강검진이 시행되어 영유아 등 소아의 일반적인 발달 사항을 체크하고, 건강 상태를 확인함으로써 많은 발달장애 및 질환을 조기에 발견하는 데 도움이 되고 있지만, 자폐스펙트럼장애의 조기 발견에 보다 초점을 맞춘 선별 검사가 필요한 실정입니다. 그래서 미국소아과학회에서는 생후 18개월과 24개월에 자폐스펙트럼장애 선별 검사를 시행하도록 권장하고 있습니다.

이 시기에 권장하는 조기 선별 검사는 '유아기 자폐 체크리스트(M-CHAT: Modified-Checklist for Autism in Toddler)'입니다. 이 선별 검사는 영유아 건강검진에서와 같이 부모나 보호자가 작성한 설문지를 통해 자폐스펙트럼장애의 위험성을 평가합니다. 자폐스펙트럼장애의 위험이 높은 아이에게 나타나는 증상을 관찰하여 확인할 수 있도록 고안되었고, 주로 자폐스펙트럼장애에서 핵심이 되는 증상인 사회성 및 의사소통과 관련된 문항들로 이루어져 있습니다.

유아기 자폐 체크리스트와 같이 표준화된 선별 검사를 사용하는 것은 자폐스펙트럼장애와 같은 발달장애를 조기에 선별하는 데 많은 도움이 될 수 있습니다. 이러한 발달장애나 질환은 아이의 발달과 행동에 대한 부모의 관찰과 우려사항을 참고로 하여 증상을 모니터링하게 됩니다. 따라서 부모에게 영유아 및 소아의 발달 시기와 과정에 대해 교육하고, 부모가 이를 잘 숙지하는 것이 필요합니다.

하지만 낯선 진료실에서 짧은 진료 시간 안에 아이가 자폐스펙트럼장애의 특징적인 증상들을 드러내지 않을 수도 있고, 부모 또한 이러한 증상들을 숙지하고 자발적으로 이야기하는 데 한계가 있을 수 있습니다. 한 연구에 따르면, 의사들이 일반 소아 환자들을 대상으로 진료했을 때, 자폐스펙트럼장애의 위험이 있는 소아를 발견할 수 있는 민감도는 0.24(123건 중 30건; 95% 신뢰구간 0.17~0.32)에 불과했으나, 유아기 자폐 체크리스트를 사용하였을 경우 이러한 위험성이 있는 소아를 발견할 수 있는 민감도는 0.91로 상승했습니다.

자폐스펙트럼장애의 위험이 높은 아이에게 초기에 나타날 수 있는 핵심 증상을 '빨간 깃발' 증상이라고도 합니다(다음 표 참조). 이러한 핵심 증상은 주로 사회성 및 의사소통과 관련한 증상이며, 이에 대해 부모에게 교육하고, 부모가 이를 잘 알아두는 것이 중요합니다.

자폐스펙트럼장애의 위험이 높은 아이들에게 초기에 나타날 수 있는 핵심 증상(빨간 깃발)

- 눈을 맞추지 않고, 혼자 있는 것을 좋아한다.
- 상대방의 감정을 이해하거나, 자신의 감정을 표현하지 못한다.
- 언어 발달이 잘 이루어지지 않는다.
- 상대방의 말을 반복해서 따라하거나, 같은 단어나 말을 의미 없이 반복해서 말한다(반향어).
- 질문과 상관없는 엉뚱한 대답을 한다.
- 사소한 것에 과도하게 집착하고, 작은 변화에 민감하게 반응한다.
- 같은 행동을 계속 반복해서 하는 상동행동을 한다(예: 손뼉 치기, 원을 그리며 돌기).
- 특정한 소리나 냄새, 시각적인 자극에 과도하게 반응한다.
- 12개월까지 이름을 불러도 반응하지 않는다.
- 14개월까지 원하거나 관심 있는 물건을 손으로 가리키지 않는다.
- 18개월까지 모방 놀이를 하지 않는다(예: 전화 걸기, 인형놀이).

우리나라보다 먼저 선별 검사를 도입한 미국에서는 자폐스펙트럼장애를 조기에 발견하기 위해 2007년에 미국소아과학회에서 보고서를 출판한 이후 보건기관과 협조하여 선별 검사를 시행하고 있습니다. 2015년 미국소아과학회는 조사에서 전체 일차의료 소아청소년과의 3/4에서 이러한 정기적인 자폐스펙트럼장애의 선별 검사를 시행하는 것으로 나타났습니다.

우리나라에서도 점차 많은 소아청소년과에서 유아기 자폐 체크리스트와 같은 자폐스펙트럼장애의 조기 선별 검사를 시행하고 있습니다. 아이가 자폐스펙트럼장애를 가지고 있는 것은 아닌지 걱정될 때는 물론이고, 생후 18개월과 24개월이 되는 모든 영유아에게 정기적인 조기 선별 검사를 시행하는 것은 자폐스펙트럼장애의 위험이 높은 아이들이 보다 나은 예후를 갖는 데 많은 도움이 될 수 있습니다.

이러한 조기 선별 검사는 보건기관의 지원과 협조가 있다면 더 효율적으로 시행할 수 있습니다. 또한 조기 선별 검사 이후 더 자세한 진단과 평가 및 추적을 위해 일차의료 소아청소년과에서 상급 의료기관으로 의뢰하는 과정이 체계적으로 이루어지도록 시스템을 마련해야 합니다. 자폐스펙트럼장애의 진단과 평가, 치료에 대한 자세한 내용은 4,5,6장에서 살펴보겠습니다.

자폐스펙트럼장애의 선별 검사에는 어떠한 것들이 있나요?

자폐스펙트럼장애의 선별 검사는 자폐스펙트럼장애의 위험이 있어 추가적인 평가가 필요한 아이들을 선별하는 데 목적이 있습니다. 따라서 선별 검사는 자폐스펙트럼장애의 정확한 진단 여부를 결정하지는 않습니다.

영유아 건강검진에 사용하는 '한국형 영유아 발달 검사(K-DST: Korean Developmental Screening Test for Infants & Children)'에서는 언어와 인지, 운동 발달 등에 대한 항목과 자폐스펙트럼장애의 선별을 위한 항목도 일부 포함하고 있습니다. 하지만 이러한 일반적인 발달 선별 검사는 자폐스펙트럼장애에서 관찰되는 사회성과 관련된 증상들을 선별하는 데는 민감하지 않을 수 있습니다.

자폐스펙트럼장애의 선별 검사는 사회적 상호작용, 놀이 및 상동행동에 대한 발달 문제 및 증상들을 선별하기 위해 고안되었습니다. 유아기 자폐 체크리스트와 같이 부모가 작성한 설문지가 일차의료 소아청소년과에서 사용되는 가장 일반적인 자폐스펙트럼장애의 선별 검사입니다. 이 외에도 유아기 자폐 체크리스트와 같이 영유아 연령에서 자폐스펙트럼장애의 선별을 위해 사용할 수 있는 선별 검사는 많지는 않지만 몇 가지가 있으며, 자폐스펙트럼장애의 조기 진단의 가능성을 높이는 데 사용할 수 있습니다(다음 표 참조).

자폐스펙트럼장애의 선별 검사

- **영유아 의사소통 및 상징 행동 척도 발달 프로파일**(CSBS DP: Communication and Symbolic Behavior Scales Developmental Profile): **6~24개월 대상**
- **유아기 자폐 체크리스트**(M-CHAT: Modified-Checklist for Autism in Toddler): **16~30개월 대상**
- **한국어판 사회적 의사소통 설문지**(K-SCQ: Korean Version of Social Communication Questionnaire): **2세 이상 대상**

사실 영유아와 같은 어린 연령에서 자폐스펙트럼장애를 정확히 진단하는 데는 많은 한계가 있습니다. 하지만 자폐스펙트럼장애의 위험이 있는 아이들을 조기에 선별하는 것은, 비록 자폐스펙트럼장애를 정확히 진단하기 어렵다고 하더라도, 아이에게 적절한 조기 개입을 함으로써 혜택을 받을 수 있도록 하는 데 목적이 있습니다.

유아기 자폐증 선별 검사를 위한 M-CHAT(Modified-Checklist for Autism in Toddler)

당신의 아이가 평상시에 어떠한지 다음 질문에 기입해 주세요. 모든 질문에 답해 주시기 바랍니다. 만약 행동이 거의 없다면(당신이 그 행동을 한두 번 본 적이 있으면), 아이가 그것을 하지 않는 것으로 답하세요.

		예	아니오
1	아이가 당신의 무릎 등에 매달리거나 통통 튀어 오릅니까?		
2	아이가 다른 아이들에게 관심을 가집니까?		
3	아이가 계단 같은 것에 기어오르는 것을 좋아합니까?		
4	아이가 까꿍 놀이, 숨기 놀이 등을 하는 것을 즐겨합니까?		
5	아이가 전화하는 흉내 내기, 인형 돌보기처럼 다른 물건을 가칭하며 놀거나 흉내를 냅니까?		
6	아이가 어떤 것을 요구하기 위해 자신의 검지로 가리킨 적이 있습니까?		
7	아이가 어떤 것에 관심을 표시하기 위해 자신의 검지로 가리킨 적이 있습니까?		
8	아이가 자동차나 블록 같은 장난감을 입에 넣거나 불거나, 떨어뜨리지 않고(장난감의 목적에 맞게) 적절히 가지고 놉니까?		
9	아이가 부모에게 보여주기 위해 물건을 가지고 옵니까?		
10	아이가 엄마와 1~2초 혹은 그 이상 눈을 맞춥니까?		
11	아이가 시끄러운 소리(소음)에 과도하게 예민하게 반응합니까? (예: 귀를 틀어막기)		
12	부모의 얼굴을 보거나 여러분의 미소에 화답하여 미소로써 반응을 보입니까?		
13	부모의 행동이나 표정들을 따라(모방) 합니까? (예: 침울한 표정을 지으면 따라 하는가?)		
14	부모가 아이의 이름을 부르면 반응을 합니까?		
15	부모가 방 건너에 있는 장난감을 가리키면 아이가 그것을 바라봅니까?		

16	아이가 잘 걷습니까?		
17	부모님이 쳐다보는 것을 아이도 쳐다봅니까?		
18	아이가 자신의 얼굴 가까이에서 손가락으로 독특한 움직임을 보이지 않습니까?		
19	아이가 당신의 관심을 끌려는 행동을 보이나요?		
20	아이가 귀 기울이려 하지 않는 것에 대해 이상하게 생각한 적이 있나요?		
21	아이가 사람들이 말하는 것을 이해하나요?		
22	때때로 멍하니 있거나 쓸데없는 것을 빤히 쳐다보지는 않습니까?		
23	익숙하지 않은 상황에 처하게 되면 부모의 반응을 살핍니까?		

각각의 문항에는 예/아니오로 대답하게 됩니다.

위 문항 중 3개 이상, 이 중 특히 중요한 7개의 문항에서는 2개 이상 틀리면
자폐를 의심할 수 있습니다.

7개의 key항목은 13, 5, 7, 23, 9,15, 2로서 여기서 2개 이상, 전체 23개 항목중에서
3개 이상인 경우 자폐증 위험이 높다고 간주할 수 있습니다.
(대략 민감도 0.7, 특이도 0.9, 양성 예측도 0.85)

다음으로 연령에 따라 자폐스펙트럼장애의 위험이 있는 아이들을 선별하는 데 고려할 사항에 대해 다루도록 하겠습니다.

18개월 미만의 아이들

자폐스펙트럼장애의 위험이 있는 아이들을 조기에 선별하는 것은 조기 개입으로 이어질 수 있습니다. 유아기 자폐 체크리스트

(M-CHAT)는 현재 가장 많이 연구하며 널리 사용하고 있는 선별 검사로서, 16~30개월 사이의 영유아를 대상으로 합니다. 그래서 이보다 더 어린아이에게는 자폐스펙트럼장애의 핵심 증상 중 한 가지인 언어 및 의사소통의 문제를 영유아 의사소통 및 상징 행동 척도 발달 프로파일(CSBS DP)을 통해 확인할 수 있습니다. 특히 자폐스펙트럼장애를 앓는 형제, 자매가 있는 경우 자폐스펙트럼장애의 위험이 상대적으로 높은데, 이러한 영유아에게 유용하게 사용할 수 있습니다. 하지만 자폐스펙트럼장애의 선별 검사에서 영유아 의사소통 및 상징 행동 척도 발달 프로파일을 사용하는 것이 적절한지에 대해서는 아직 추가적인 연구가 필요합니다.

더불어 자폐스펙트럼장애의 위험이 있다고 선별된 아이들에게 추가적인 평가를 통해 전반적인 발달의 문제를 확인하는 것이 중요합니다. 이는 적절하게 진단하고 개입하기 위해 임상적으로 중요한 부분입니다. 또한 자폐스펙트럼장애를 가진 아이들에게 특히 문제가 될 수 있는 수면, 식사, 감정 조절이나 배변 습관과 같은 다른 증상에 대해서도 확인해보는 것이 필요합니다.

18~30개월 사이의 아이들

18~30개월 사이 아이들에게 가장 일반적으로 사용하는 선별 검사는 유아기 자폐 체크리스트(M-CHAT)입니다. M-CHAT는 처음 개발

된 이후 개정되었고, 또한 일차의료 환경에서 시행하기 용이하도록 점수가 수정되었으며, 후속 질문들이 추가되었습니다(M-CHAT-R/F: Modified-Checklist for Autism in Toddler, Revised with Follow-Up).

현재 사용하는 유아기 자폐 체크리스트는 총 20문항으로 이루어져 있습니다. 그중 8점 이상의 점수를 받은 아이는 자폐스펙트럼장애나 다른 발달장애의 위험이 높다고 판단하며, 정확한 진단과 평가를 받도록 즉시 상급 의료기관으로 의뢰해야 합니다. 그리고 3~7점 사이의 점수를 받은 아이는 양성으로 나온 항목에 대해 좀 더 자세하게 진행하는 후속 면담 질문을 통해 다시 평가합니다. 이러한 면담 질문을 명확히 한 후에도 계속 3~7점 사이의 자폐스펙트럼장애 위험의 양성 항목에 해당하면 향후 자폐스펙트럼장애로 진단될 확률이 47%, 자폐스펙트럼장애로 진단이 되지 않더라도 다른 발달장애로 개입이 필요할 확률이 95%라고 알려져 있습니다.

유아기 자폐 체크리스트로 선별 검사를 받은 아이는 받지 않은 아이에 비해 조기에 자폐스펙트럼장애의 진단과 치료를 받는 것으로 나타납니다. 이 선별 검사에서 자폐스펙트럼장애의 위험이 높은 것으로 평가된 아이는 모두 진단과 평가, 개입을 위해 상급 의료기관에 의뢰해야 합니다. 그런데 조기 개입 또는 치료를 시작하는 데 자폐스펙트럼장애의 정확한 진단을 필요로 하지는 않습니다. 또한 자폐스펙트럼장애의 진단 여부와 관계없이 조기 개입과 치료를 통해 자폐스펙트럼장애나 다른 발달장애의 위험이 높은 아이들은 많은 혜택을 얻을 수 있습니다.

자폐스펙트럼장애에서 36개월 이전의 조기 치료가 보다 나은 예후를 보인다는 점은 잘 알려져 있습니다. 따라서 미국소아과학회에서는 18개월 및 24개월 아이들에게 가장 타당한 선별 검사를 이용하여 선별하도록 권장하고 있습니다. 18개월 정도의 어린 연령에서도 숙련된 전문가에 의해 자폐스펙트럼장애를 진단할 수 있으며, 18~36개월 사이의 소아가 자폐스펙트럼장애의 진단을 받은 경우 진단의 정확도는 높습니다. 하지만 이 연령에서 증상이 경미하거나 인지 능력이 낮은 경우에는 자폐스펙트럼장애의 위험을 선별하지 못할 가능성이 있습니다. 따라서 여전히 지속적인 감시가 필요하며, 이러한 정기적인 감시를 받은 아이들이 조기 개입과 치료를 받은 경우가 가장 많았습니다.

30개월 이상의 아이들

현재 30개월 이상의 소아를 대상으로 일차의료 소아청소년과에서 사용할 수 있는 자폐스펙트럼장애의 선별 검사는 없습니다. 미국소아과학회 역시 이에 대한 권장 사항이 없습니다. 30개월 이상의 소아에서는 사회적 의사소통 설문지(SCQ)를 가지고 다양한 집단을 대상으로 가장 많은 연구를 진행해왔는데, 이 설문지는 주의력결핍-과잉행동장애나 다른 발달에 영향을 미치는 질환들과 중복되는 증상을 구별할 수 없었습니다. 따라서 30개월 이상의 아이에서 선별 검사에 대한 추가 연구와 검증이 필요합니다. 이 연령대에서는 아직 선별 검사보다는 일차의료 소아청소년과에서 자폐스펙트럼장애의 증상들에 대해 지속적으로 감시하기를 권장합니다.

선별 검사의 제한점은 무엇인가요?

증상이 경미하거나 지능이 양호한 자폐스펙트럼장애 아이는 학교 입학 전까지 발견되지 않을 수 있습니다. 나중에 자폐스펙트럼장애로 진단받는 일부 아이들은 처음에는 오히려 언어, 읽기, 수학적 능력이 높은 것으로 여겨지다가 학교에서 사회적 언어와 기능이 요구될 때 비로서 문제가 되기도 합니다. 특히 여자아이의 경우 증상의 강도가 낮고 외부 행동이 적을 수 있어 진단이 늦어질 수 있습니다. 그리고 동반되는 다른 질환에 의해 자폐스펙트럼장애의 증상을 인식하지 못하는 경우도 있습니다. 주의력결핍-과잉행동장애를 진단받은 아이는 그렇지 않은 아이에 비해 자폐스펙트럼장애의 진단이 3년 정도 늦은 것으로 보고되었습니다.

일차의료 환경과 학교 등에서 사용할 수 있는 선별 검사에 대한 연구와 개발이 이러한 어려움을 해결하는 데 도움이 될 수 있습니다. 또한 언어와 문화적인 차이를 고려한 선별 검사를 개발하는 것도 중요합니다. 나아가 자폐스펙트럼장애의 선별 검사를 확산하고, 적극적으로 참여할 수 있는 지원과 제도를 마련하는 것도 필요합니다.

제4장

소아기 자폐스펙트럼장애는 어떻게 평가할 수 있나요?

(보호자가 알아두면 좋은 정보들)

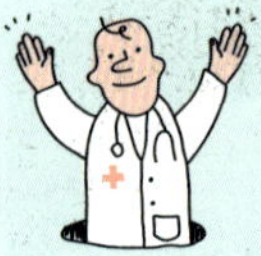

요약

자폐스펙트럼장애 소아들을 조기에 진단하며 적절한 치료적 개입을 제공하고 지원하기 위해서는 시기적절하고 정확한 진단 평가가 중요합니다. 소아에게 자폐스펙트럼장애가 있다고 의심할 만한 증상이 나타나면, 이를 정확하게 진단하기 위해 주로 4가지 단계로 진단 평가 과정을 진행합니다.

먼저, 소아에게 나타나는 증상이나 문제를 확인한 후 자폐스펙트럼장애라고 의심되면 1차적인 선별 검사를 진행합니다. 두 번째 단계는 주로 부모나 보호자가 관찰한 기록, 의료 및 심리학적 정보, 선별 검사 도구 등을 통해서 2차 선별 검사를 합니다. 만약 이 선별 검사 결과에서도 자폐스펙트럼장애가 의심된다면 세 번째로 진단 평가를 통해 실제로 자폐스펙트럼장애에 해당되는지 여부를 종합적으로 판단합니다. 여기서 자폐스펙트럼장애로 진단되면 마지막 단계로 치료적 개입을 하기 위한 개인적 전략을 구체적으로 세우게 됩니다.

한편, 보호자는 소아의 자폐스펙트럼장애 진단적 심리 평가 과정에서 매우 중요한 파트너입니다. 부모의 면밀한 관찰과 자녀의 행동에 대한 자세한 보고는 임상의에게 중요한 정보를 제공하고, 자폐스펙트럼장애의 정확한 발견과 진단에 크게 기여합니다. 발견되고 보고되는 징후들은 소아청소년과 전문의, 임상심리학자, 발달 관련 전문가 및 치료사 등 자격을 갖춘 전문가에 의한 추가 평가와 통합적인 판단 과정을 거치게 됩니다.

특히, 자폐스펙트럼장애를 진단하는 4가지 단계 중 심리 평가 도구를 활용하여 선별 검사를 진행하는 단계는 자폐스펙트럼장애의 가능성이 있는 소아의 상태를 확인하여 진단하고 조기에 교육 및 치료적인 개입을 제공할 수 있도록 하기 위한 핵심적인 단계로, 평가 도구의 측정 영역이나 활용 방법은 다양하게 구성되어 있습니다. 임상의와 심리학자는 자폐스펙트럼장애 소아에 대한 전반적인 이해를 바탕으로 종합적인 진단 평가를 하기 위해 표준화된 평가들로 다양하게 구성하고, 임상적 관찰 및 면담 등을 통해 종합적인 판단을 내릴 수 있게 됩니다. 알려져 있는 다양한 종류의 진단 평가 도구들 중 특정한 평가를 선택하는 기준은 평가 대상자의 연령이나 발달 수준에 따라 달라질 수 있으며, 가장 적절하고 표준화되어 있으며 정확한 진단 평가를 받으려면 해당 분야의 전문가와 상담해야 합니다.

자폐스펙트럼장애의 진단 평가 이해하기

자폐스펙트럼장애는 사회적 의사소통의 어려움과 행동, 관심, 활동의 제한적이고 반복적인 패턴을 특징으로 하는 복잡하고 다양한 신경발달 질환 그룹을 나타냅니다. 따라서 자폐스펙트럼장애 아이를 조기에 진단하며 적절한 치료적 개입을 제공하고 지원하기 위해서는 시기적절하고 정확한 진단 평가가 중요합니다. 이 지침은 자폐스펙트럼장애로 의심되는 소아의 부모나 보호자가 진단 평가 과정을 이해하도록 돕기 위한 것입니다.

자폐스펙트럼장애 아이와 가족에게 정확한 진단 및 맞춤형 중재 등의 적절한 지원을 제공하기 위해서는 자폐스펙트럼장애가 어떻게 나타나는지 다양성을 이해하는 것이 중요합니다. 자폐스펙트럼장애의 조기 발견과 중재는 자폐스펙트럼장애 소아들의 예후를 개선하는 데 중요한 역할을 하기 때문에, 진단 평가에서 확인하고자 하는 자폐스펙트럼장애의 조기 징후와 행동을 인식하는 것이 필수입니다.

이전의 여러 연구와 다양한 임상 경험을 통해서 자폐스펙트럼장애의 조기 징후에 대해서는 많이 알려져 있지만, 이런 징후들 중 하나 이상 발견된다고 해서 반드시 자폐스펙트럼장애로 진단되는 것은 아닙니다. 발견되고 보고되는 징후들은 소아청소년과 전문의와 임상심리학자, 발달 관련 전문가 및 치료사 등 자격을 갖춘 전문가들이 추가 평가하여 통합적으로 판단하는 과정을 거치게 됩니다.

진단 평가 과정은 어떻게 되나요?

진단 평가 과정에서 보호자의 역할

보호자는 아이의 자폐스펙트럼장애 진단적 심리 평가 과정에서 매우 중요한 파트너입니다. 보호자의 면밀한 관찰과 자녀의 행동에 대한 자세한 보고는 임상의에게 중요한 정보를 제공하며, 자폐스펙트럼장애를 정확하게 발견하고 진단하는 데 크게 기여할 수 있습니다. 보호자가 이 과정을 좀더 잘 수행하는 데 도움이 될 주요한 방법은 다음과 같습니다.

적극적으로 관찰하기

보호자는 다양한 장면과 상황에서 자녀의 행동을 적극적으로 관찰할 것을 권장합니다. 또한 일상에서 나타나는 자녀의 사회적 상호작용, 의사소통 패턴, 그리고 행동 반응에 주목해야 합니다.

행동 패턴 기록하기

발생하는 상황과 함께 특정 행동(일반적인 행동과 비정형적인 행동)을 기록하면서, 자녀의 행동일지를 작성하는 것이 좋습니다. 특히 관찰된 자녀의 행동에 영향을 미칠 수 있는 시간적 패턴이나 촉발 요인 혹은 관련 요인들을 함께 기록해두는 것이 도움이 됩니다.

사회적 상호작용의 유형 살펴보기

자녀의 몸짓, 행동, 옹알이 및 언어를 포함한 의사소통 능력이 발달하는 것을 지켜보면서 잘 관찰하고 기록합니다. 또한 자녀가 가족, 또래, 낯선 사람 등 다른 사람들과 어떻게 관계를 맺는지 사회적 상호작용의 유형을 관찰합니다.

감각에 대한 민감성 체크하기

자녀가 보이는 빛, 소리, 촉각, 미각에 대한 민감성 등의 감각 자극에 대한 특이한 반응을 살피고, 자녀가 나타내는 독특한 감각 선호나 혐오 등의 양상을 기록하고 보고합니다.

행동 문제 사례 기록하기

자녀가 일상적인 일들의 변화나 한 가지 활동에서 다른 활동으로 전환되는 것에 적응하는 것을 어려워하는지, 환경의 변화 혹은 예기치 못하게 중단되는 상황들에 대해 저항하는지 살펴 구체적인 사례를 기록합니다.

상황 정보 제공하기

가족력이나 여러 가지 상황에 대한 정보 등 자녀의 행동을 이해하는 데 도움이 되는 맥락 정보를 공유하고, 가정환경이나 학교 교육 및 관련이 있을 수 있는 최근 생활 사건 등의 환경적 요인들에 대해서도 보고합니다.

전문가와 협업하기

평가 과정에서 임상전문의, 심리 및 발달 관련 전문가들과 개방적이고 협력적으로 의사소통하는 관계를 유지합니다. 또한 평가 중에 발생하는 우려 사항이나 관찰 사항을 주저하지 말고 즉시 공유하는 것이 바람직합니다.

보호자의 직관을 신뢰하기

부모는 보호자로서 자신의 본능과 직관의 중요성을 인식하고 믿는 것이 좋습니다. 또한 무언가 우려되는 점이 있다면, 관찰 결과를 바탕으로 평가팀과 이에 대해 소통하는 것이 필요합니다.

평가 결과를 이해하고 피드백 세션에 참여하기

진단 평가 절차와 평가 결과에 나타난 자녀의 강점과 어려움에 대해 이해해야 합니다. 또한 피드백 세션에 참여하여 평가 결과를 종합적으로 이해하고 논의하며, 진단 과정에 기여할 수 있도록 노력하는 것이 중요합니다.

관리에 대해 통합적으로 접근하기

자녀의 어려움에 대한 진단적 측면뿐만 아니라 자녀의 전반적인 복지 케어와 필요를 고려하는 전체적이고 통합적인 접근 방식을 취하는 것이 좋습니다. 이와 함께 치료적 접근 전략과 개별화된 돌봄 계획을 수립하는 과정에도 적극적으로 참여하도록 합니다. 진단 평가 과정에 적극적으로 참여함으로써 보호자는 자녀의 행동을 충분하게 이해하는 데 핵심적인 역할을 제공하여, 궁극적으로 자녀에 대한 보다 정확한 진단과 맞춤형 치료 개입을 가능하게 합니다.

진단 평가 및 치료적 중재 계획을 수립하기 위한 다학제간 팀 참여

소아 자폐스펙트럼장애의 진단 평가와 치료적 중재 계획을 수립하기 위해서는 소아청소년과 전문의 등의 의료인, 심리 및 발달 관련 전문가, 자격을 갖춘 치료사 등의 역할과 서로 간의 협업 및 의사소통을 통한 진행이 매우 중요합니다.

<그림> 개인화된 방식으로 ASD 아이를 종합적으로 평가하기 위해 개인화된 다중 전문 의료 클리닉을 통한 작업 흐름의 개요. ASD와 관련된 치료 가능한 이상을 식별하기 위해 여러 전문가와 보조 전문가가 필요하다.

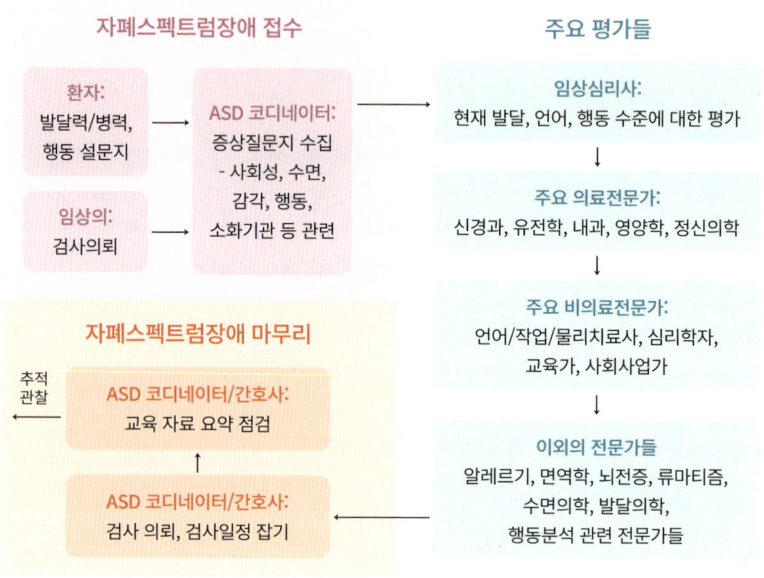

* 출처: Frye, R. R.(2022). A Personalized Multidisciplinary Approach to Evaluating and Treating Autism Spectrum Disorder, Journal of Personalized Medicine, 12(3), 464.

자폐스펙트럼장애 진단 평가에는 무엇이 있나요?

자폐스펙트럼장애의 평가 단계

소아에게 자폐스펙트럼장애가 있다고 의심할 만한 증상이 나타나면, 이를 진단하기 위해 주로 4가지 단계로 진단 평가 과정이 진행됩니다.

먼저, 소아에게 나타나는 증상이나 문제를 확인한 후, 이러한 증상이 자폐스펙트럼장애라고 의심되면 1차적인 선별 검사를 진행합니다. 두 번째 단계는 주로 부모나 보호자에 의해 관찰된 기록, 의료 및 심리학적 정보, 선별 검사 도구 등을 통해서 2차 선별 검사가 이루어집니다. 이 선별 검사 결과에서도 자폐스펙트럼장애가 의심된다면, 세 번째로 진단 평가를 진행합니다. 진단 평가를 통해 실제로 자폐스펙트럼장애에 해당되는지 여부를 종합적으로 판단하고, 자폐스펙트럼장애로 진단되면 마지막 단계인 치료적 개입에 대한 개인적 전략을 구체적으로 세우게 됩니다.

자폐스펙트럼장애를 진단하는 4가지 단계 중 심리 평가 도구를 활용하여 선별 검사를 진행하는 단계는, 자폐스펙트럼장애의 가능성이 있는 소아의 상태를 확인하여 진단하고, 조기에 교육 및 치료적인 개입을 제공할 수 있도록 하기 위한 핵심적인 단계입니다.

평가를 위한 진단 도구들은 자폐스펙트럼장애 아이에게 동시에 발생할 수 있는 인지 능력, 적응 기능, 운동 능력 및 감각 처리 등의 다양한 측면들을 고려하는 통합적이고 포괄적인 접근 방식을 취합니다.

평가 도구의 측정 영역이나 활용방법은 다양하게 구성되어 있습니다. 임상의와 심리학자들은 자폐스펙트럼장애 소아에 대한 전반적인 이해를 기반으로 한 종합적인 진단 평가를 진행하기 위해 표준화된 평가들을 다양하게 구성하는 동시에 임상적 관찰 및 면담 등을 통해 종합적인 판단을 내릴 수 있게 됩니다. 알려져 있는 다양한 종류의 진단 평가 도구들 중 특정한 평가의 선택은 평가 대상자의 연령이나 발달 수준에 따라 달라질 수 있으며, 가장 적절하고 표준화되어 있으며 정확한 진단 평가를 위해서는 해당 분야의 전문가와 상담해야 합니다.

다음은 다양한 영역에 초점을 맞춘 자폐스펙트럼장애를 평가하고 진단하기 위한 평가 도구에 대한 설명입니다.

자폐스펙트럼장애 평가 도구

자폐스펙트럼장애를 진단하기 위해서는 전문가의 면밀한 관찰과 인터뷰가 필요합니다. 현재 국내외에서 활용하고 있는 진단 도구로는 자폐스펙트럼장애 진단 관찰 스케줄(ADOS: Autism Diagnostic Observation Schedule)과 자폐스펙트럼장애 진단 면담(ADI-R: Autistic Diagnostic Interview-Revised)이 있습니다. ADOS와 ADI-R의 진단적 활용도는 국내외에서 많은 전문가들이 지지하고 있는데, 평가 과정에 상당히 긴 시간이 소요되며 전문적으로 훈련받은 전문가만이 평가를 시행할 수 있습니다.

상대적으로 시행하기에 간편한 형식의 진단 도구로는 소아기 자폐증 평정 척도(Childhood Autism Rating Scale) 같은 검사가 있는데, 시간적 소모가 크지 않고 실시에도 큰 어려움이 없으며, 임상 현장에서 진단 도구로 많이 사용하고 있습니다.

자폐스펙트럼장애 유아 선별 부모용 간편 체크리스트

자폐 선별 도구란 자폐 진단을 하기 이전에 자폐 가능성이 있는 자폐 위험 소아를 조기에 일차적으로 찾아내고, 조기 진단, 의뢰, 조기 중재 및 예방 목적으로 개발된 것입니다. 간편한 선별 도구를 이용해 부모나 양육자 등이 간단히 자폐 위험성 여부를 점검해볼 수 있는 유용한 도구입니다.

만 3~6세 유아를 대상으로 시행되며, 미국 정신의학회 자폐장애 진단 기준에 기초하여, 우리나라 자폐아 부모를 대상으로 한 신뢰도 검사를 거쳐 구성되고 개발되었습니다. 모두 23개 문항으로 구성되어 있고, 23개 문항 중 4개의 영역에서 각각 1개 이상을 포함해 총 5개 이상의 행동 특성을 보이면 일단 자폐성 증상이 있는 것으로 의심되므로 보다 심도 있는 진단이 요구됩니다.

유아기 자폐 선별 검사(M-CHAT)

유아기 자폐 체크리스트(M-CHAT™)는 16~30개월 사이의 유아를 대상으로 자폐스펙트럼장애의 위험이 있는지를 선별하기 위한 도구입니다. M-CHAT는 신경심리학자인 다이애나 로빈스와 데보라 파인, 그리고 임상심리학자인 메리앤 바톤이 개발한 것으로, 미국소아과학회는 생후 18개월과 24개월된 모든 유아가 자폐 검사를 받도록 권장하고 있습니다. M-CHAT는 미국소아과학회가 추천한 검사 도구로서, 부모나 보호자가 간단한 질문에 응답하는 체크리스트 양식으로 되어 있으며, 약 15분 정도 소요되는 자가진단 질문지입니다.

자폐 영아 검목표(CHAT)

영아~만 18개월 아이를 대상으로 시행할 수 있으며, 18개월 정기검진 시 소아청소년과 전문의가 영아들을 간단히 검사해 발달상 문제가 있는 것으로 의심되는 자폐스펙트럼장애 영아를 조기 진단하여 전문가에게 의뢰하도록 개발된 검사입니다. 이는 자폐장애의 조기 진단 및 중재를 위한 선별 검사 도구입니다.

CHAT는 특히 18개월의 소아를 대상으로 하며, 부모가 아이를 관찰하고 응답하는 부모용 9문항과 검사자가 아이와 상호작용한 후에 아이를 평가하는 5개의 문항으로 구성되어 있으며, 아이의 부모와 검사자는 각 문항에 대해 '예' 또는 '아니오'를 선택하여 응답합니다.

검사자는 소아의 부모를 면담하면서 부모에게 아이의 ① 신체 놀이, ② 사회적 흥미, ③ 운동 발달, ④ 사회적 놀이, ⑤ 가상 놀이, ⑥ 요구를 위한 지적하기, ⑦ 흥미 공유를 위한 지적하기, ⑧ 기능 놀이, ⑨ 공동 주의에 관해 '예' 혹은 '아니오'로 응답하게 합니다. 소아에 대해 평정했을 때, 가상 놀이와 공동 주의를 묻는 5개의 문항에서 모두 부정적인 응답을 받는 경우, 자폐 위험이 높다고 판단합니다.

국내에서는 한국어판 영유아기 자폐스펙트럼장애 선별 검사(K-CHAT: Korean version of Checklist for Autism in Toddlers)가 제작되었으며, 한국어판 소아기 자폐스펙트럼장애 평정 척도(K-CARS: Korean Childhood Autism Rating Scale)와 높은 상관을 보여 K-CHAT가 영유아기 자폐 선별 검사로서 타당도가 높은 것으로 나타났습니다.

자폐 행동 체크리스트(ABC)

ABC(Autism Behavior Checklist)는 18개월에서 35세 연령군을 대상으로 하고 있으며, 57개 항목으로 구성되었고, 감각 영역, 대인관계 영역, 신체 및 사물 사용 영역, 언어 영역, 사회성 및 자조기능의 5개 하위 영역으로 구분됩니다.

평가는 자폐 문제의 심각성에 따라 1점에서 4점까지의 가중치가 주어지며, 전체 득점 158점 중 68점 이상일 경우 자폐 가능성이 매우 높은 수준에 해당합니다. 53~67점 사이 득점은 자폐 의심 수준으로, 53점 이하의 경우에는 자폐스펙트럼장애 가능성이 희박한 것으로 기준을 적용하고 있습니다.

ABC는 Krug, Arick, Almond가 1980년에 개발한 것으로 자폐아 교육 계획을 위한 종합선별도구(ASIEP: Autism Screening Instrument for Educational Planning)의 5개 구성 내용 중에 포함된 한 영역이며, 다른 4가지 영역은 음성적 구어, 상호작용, 학습, 교육수행 능력입니다. ASIEP의 내용 중 ABC만을 따로 사용하는 것은 ABC가 다른 발달장애와 자폐장애를 구분할 수 있는 변별력에 기초하여 표준화된 도구이며, 어떤 지역에서나 사용되고 있는 범문화적 도구에 해당하기 때문입니다.

한국어판 사회적 의사소통 설문지(K-SCQ)

사회적 의사소통 설문지(Social Communication Questionnaire)는 다른 도구들보다 자폐스펙트럼장애 선별에 뛰어난 척도로 알려져 있습니다. 자폐스펙트럼장애의 증상을 더욱 심도 있게 평가하는 도구인 ADI-R을 기반으로 구성되었으며, 정상적인 발달에서 일탈적인 특성을 보이는 주요 문항을 선택하여 만들어진 2차 선별 척도입니다.

이는 40문항의 부모 보고형 척도로, 사회적 상호작용, 언어 및 의사소통, 반복행동 및 상동행동에 대해 보호자가 '예' 또는 '아니오'로 평가하며, 각 항목마다 절단점이 있어서 일정 점수 이상일 경우 ADI-R, ADOS 등보다 정밀한 검사를 요하는 소아를 선별할 수 있습니다. 특히, 전반적인 문항이 모든 부모가 이해하기 쉽게 제시되어 있어서 전문가의 도움 없이 부모 보고를 통해 자폐스펙트럼장애 증상을 평정할 수 있으며, 전체 문항에 응답하는 데 10분 이내의 시간이 소요되어 부모와의 면담 시간에 약 90분 이상 소요되는 ADI-R 대비 상당한 시간과 비용이 절감되는 이점이 있습니다.

또한 SCQ는 '사회적 상호관계 요인, 의사소통 요인, 비정상적 언어 요인, 상동적 행동 요인'의 4요인으로 구성되어 있습니다. 특히 ADI-R의 알고리듬 분류에 따른 자폐스펙트럼장애 증상의 3가지 주요 영역 중 어느 것에 해당하는지 비교해봤을 때, 요인 1은 주고받는 상호작용 영역과 대부분 일치하고, 요인 4는 대부분 제한적이고 반복적이며 상동화된 행동 패턴 영역과 일치하며, 요인 2와 3은 의사소통 영역에 해당하는바 SCQ의 각 요인들이 3가지 주요 자폐 증상을 잘 반영하는 것으로 알려져 있습니다. 무엇보다 SCQ가 진단적 도구로 개발된 것이 아님에도 불구하고 진단 도구인 ADI-R과 견줄 만한 선별 기능이 확인되었다는 점에서 2차 선별도구로서 SCQ의 활용도는 매우 높다고 할 수 있습니다.

사회 반응성 척도(SRS)

SRS(Social Responsiveness Scale)는 부모나 교사에게 지난 6개월 동안 소아가 보인 사회적 상호작용의 특징에 대해 질문하는 설문지로, 총 65문항으로 구성되어 있습니다. 각 문항은 '전혀 그렇지 않다(0점)'에서 '거의 항상 그렇다(3점)'까지 응답하도록 되어 있으며, 총 0~195점으로 채점할 수 있습니다.

평가 내용은 사회적 통찰, 사회정보처리, 사회적 의사소통 능력, 사회적 불안/회피, 자폐적 몰입과 특질로 구성되어 있으며, 점수가 높을수록 사회적 기능이 낮음을 의미합니다.

소아기 자폐스펙트럼장애 평정 척도(CARS)

3~21세 사이 자폐장애가 의심되는 소아 청소년을 대상으로 실시하는 발달 검사로, 상동행동, 의사소통, 사회적 상호작용 등 3개의 하위 검사로 구성되어 있으며, 널리 사용되는 검사 중의 하나입니다. 같은 연령의 정상 소아의 행동과 비교하여 비정상적인 행동이 관찰되면 이런 행동들의 특성, 빈도, 강도, 지속시간을 비교합니다. 사람과의 관계, 모방, 정서 반응, 신체 사용, 사물 사용, 변화에 대한 적응, 시각 반응, 청각 반응, 미각·후각·촉각 반응 및 사용, 두려움 또는 불안, 구어 의사소통, 활동 수준, 지적 반응 수준 및 일관성 등의 15개의 문항으로 이루어져 있습니다.

소아를 직접 관찰하고, 부모 면접으로 보고 사항을 수집하고, 병력 기록 등의 차트 리뷰를 기반으로 평정하는데, 자폐에 대한 훈련을 받은 최소한의 경험이 있거나 경험이 많은 사람이 평정해야 합니다.

척도는 중간점을 포함하여 7점 척도로 이루어져 있는데, 1점(정상적인 행동)~4점(심한 비정상적 행동)으로 평정되고, 총점이 30점 이상인 경우 자폐 위험이 있다고 보며, 총점이 30점 이상~36.5점 이하인 경우 중간 정도의 위험이 있으며, 37점 이상인 경우 자폐 위험이 높다고 평가합니다.

CARS-2는 표준형과 고기능형이 있습니다. 6세 미만이거나, IQ 79 이하이거나, 주목할 만한 의사소통 결함을 지닌 소아에게는 표준형을, 6세 이상이면서 IQ 80 이상의 구어가 유창한 소아를 대상으로 할 때는 고기능형을 사용합니다. 또한 부모나 양육자 질문지를 추가하여, 행동 관찰과 양육자 면담을 주요 방법으로 사용합니다.

한국판 길리엄 자폐스펙트럼장애 평정 척도(K-GARS-2)

GARS-2는 자폐스펙트럼장애와 중증 행동장애 평가 척도로서, 대상 연령은 3세부터 22세까지입니다. 상동행동, 의사소통, 사회적 상호작용 등 세 영역별 14개 항목씩 총 42개 항목으로 구성되어 있으며, 표준점수와 자폐지수를 제공합니다. 또한 결과를 해석하여 진단 내용을 결정할 때 고려해야 할 핵심적인 질문 내용 11개 항목과 부모 면접용 25개 항목을 포함하고 있으며, 부모 면접 내용은 '사회적 상호작용 지체, 사회적 의사소통 시 사용하는 언어 지체, 사회적 상호작용 이상 기능, 사회적 의사소통 시 사용하는 언어 이상 기능, 기호 또는 상상놀이 이상 기능' 총 5개 분야에 대해 각 5개 항목으로 나뉘어 있습니다.

자폐스펙트럼 검사 ADOS & ADI-R

이 도구들은 자폐스펙트럼장애의 진단에 있어 현재 세계적으로 가장 표준적이며 신뢰도가 높은 것으로 받아들여지고 있는 진단 도구들로, 치료의 효과를 판정할 때도 영역별 심각의 호전도를 분석하기 위해 활용됩니다. 소아 및 청소년에게 자연스러운 사회적 상황을 제시하여 의사소통과 상호작용의 양상을 직접 관찰하고, 검사 대상자의 발달과정에 대해 보호자와 면담하여 자폐스펙트럼장애 관련 행동 및 발달 상태를 평가합니다.

자폐스펙트럼장애 진단 관찰 스케줄(ADOS)

ADOS(Autism Diagnostic Observation Schedule)는 반구조화된 자폐장애 진단 도구로, 소아의 의사소통, 사회적 상호작용, 놀이 또는 상상력을 평가합니다. 모듈에 따라서 걸음마기 소아부터 성인까지 사용할 수 있으며, 언어가 전혀 발달되지 않은 경우부터 비교적 유창한 언어를 말할 수 있는 경우까지도 적용할 수 있는 도구입니다. 소아와의 상호작용을 유발할 수 있는 자연스럽고 흥미로운 상황을 제공함으로써, 놀이를 통해 자폐스펙트럼장애와 관련된 사회성, 의사소통 및 행동의 질을 관찰할 수 있게 고안했습니다.

대상자의 언어 발달 수준에 따라 시행되는 총 4개의 모듈로 구성되어 있으며, ADOS를 시행한 후 관찰한 내용을 기록하고 주어진 가이드라인을 따라 코딩한 뒤 진단적 평가를 내릴 수 있습니다.

- 모듈 1: 어구를 일관되게 사용할 수 없는 소아를 대상으로 합니다. 발달 연령이 만 3세 이하인 소아들에게 적합하도록 장난감과 다른 재료들을 놀이의 형태로 사용하는 것에 초점을 맞췄습니다.
- 모듈 2: 어구를 사용하기는 하나 자유롭게 언어를 구사할 수 없는 소아를

대상으로 합니다.

• 모듈 3: 언어 표현이 자유로운 소아를 대상으로 합니다.

• 모듈 4: 언어 표현이 자유로운 청소년과 성인을 대상으로 합니다.

한국판 자폐스펙트럼장애 진단 면담(K-ADI-R)

K-ADI-R(Korean version of Autism Diagnostic Interview-Revised)는 반구조화된 부모 면담 도구입니다. ICD-10과 DSM-III-R에 근거하여 소아의 부모 또는 보호자를 면담하는 과정에서 유아기 자폐스펙트럼장애를 비롯한 전반적 발달장애를 진단하는 도구입니다. 만 2세 이상의 자녀를 둔 부모를 대상으로 실시하는데, 일반적으로 소아를 직접 관찰하여 평정하는 ADOS와 함께 실시되어 결과 해석에 상호보완적으로 활용됩니다.

이상행동이나 발달 지연의 유무를 토대로 진단을 내리는 구조적 면담 도구들과는 달리, 면담을 실시하는 사람의 임상적 판단에 따라 유연하게 질문을 적용하고, 더 상세한 행동의 기술을 얻는 과정을 필요로 합니다. 면담 내용에 근거하여 각각의 항목마다 점수를 매기고, 진단 알고리듬에 따라서 진단 범주를 구분하도록 되어 있습니다.

면접지의 내용은 '초기 발달, 언어/기타 기능의 습득과 상실, 언어와 의사소통 능력, 사회적 발달과 놀이, 흥미와 행동, 일반적 행동'들로 이루어져 있습니다. 진단적 평가는 DSM-IV와 ICD-10의 진단적 알고리듬에 따라 만들어져서 자폐스펙트럼장애의 특징적인 3가지 부적응 행동, 즉 '의사소통, 사회적 상호작용, 제한적이고 반복적인 행동과 관심'에 대해 평가합니다.

각 문항들은 진단적 알고리듬에 따라 부적응 양상이 전혀 없는 경우 0점, 일부 부적응 양상이 있는 경우 1점, 현저한 부적응 양상이 있는 경우 2점으로 변환되어 부호화됩니다. 그리고 3가지 행동 영역의 모든 점수가 분할점을 초과할 경우 자폐스펙트럼장애로 진단을 내리게 되며, 분할점은 의사소통은 8점(의사소통이 어려울 경우 7점), 사회적 상호작용은 10점, 제한적이고 반복적인 행동과 관심은 3점입니다.

걸음마기 소아 행동발달 선별 척도(BeDevel)

BeDevel(Behavior Development Screening for Toddlers)은 우리나라 사회문화적 특성에 맞게 개발된 42개월 미만의 한국 영유아기 자폐스펙트럼장애 조기 선별 도구입니다. 자폐스펙트럼장애의 고위험 행동을 신뢰도 높게 평가하기 위하여, 오랜 시간 일상 환경에서 자녀를 관찰한 보호자의 면담 보고 형식인 'BeDevel-Interview'와 소아의 행동을 직접 관찰하는 방법인 'BeDevel-Play'로 구성되어 있습니다. 이와 함께 검사자가 참고할 수 있도록 구체적인 검사 지침서, 교육 자료 등을 포함한 통합 선별 검사 패키지로 제작되었으며, DSM-5의 자폐스펙트럼장애 진단 기준에 맞추어 소아의 행동발달을 선별합니다.

소아의 놀이행동 관찰 결과에 따른 월령별 결과보고서도 제공하는데, 18개월 이상부터 자폐스펙트럼 위험군을 선별할 수 있는 종합결과가 제공되며, 그 이하의 월령에서는 소아의 월령에 맞는 사회성 발달과 의사소통의 특징을 파악하는 데 활용할 수 있습니다. 이 검사는 선별 검사로서, 결과의 정확한 해석과 진단을 위해서는 전문가와 상담할 필요가 있습니다.

이화 자폐 소아 행동발달 평가 도구

이화 자폐 소아 행동발달 평가 도구(EWHA-Checklist for Autistic Children)는 자폐 소아 및 발달장애 소아의 일반적 행동 특징과 지능 수준을 측정하고, 이를 토대로 치료 교육의 근거를 제시하기 위해 이화여자대학교 언어·청각 임상 센터에서 일본의 CLAC-II에 나타난 반응들을 기초로 하여 제작한 것입니다.

이는 면접용 자폐 소아 행동발달 평가 도구로서, 초기 면접 시 저항하거나 주의산만 등으로 검사가 불가능한 자폐아를 대상으로 실시할 수 있다는 장점이 있습니다. 자폐장애가 문제가 되는 연령부터 초등학교 고학년까지, 자폐아, 지적장애아, 기타의 장애아를 대상으로 부모 또는 소아의 일상생활 전반을 가장 잘 알고 있는 사람이 평가합니다.

척도는 척도 문항과 비척도 문항의 2가지 유형의 문항으로 구성되어 있는데, 척도 문항에서 각 단계를 발달 순서에 따라 5단계로 나누어, 그중에 하나만을 선택하도록 되어 있습니다. 척도 영역은 식사 습관, 배설 습관, 옷 입기, 놀이, 타인과의 놀이, 대인관계, 언어, 표현 활동, 취급하기, 행동의 자율 등이고, 비척도 문항은 수면 습관, 놀이, 운동성, 감정 표현, 감각 습관 등으로 해당되는 모든 문항에 표시하도록 되어 있습니다.

공존 질환 발달 평가에는 무엇이 있나요?

적응 검사(Adaptive Function Testing)

한국판 바인랜드 적응 행동 척도

바인랜드 적응 행동 척도(Vineland Adaptive Behavior Scales-2)는 개인의 적응 수준이나 소아기 발달상의 문제를 평가하는 데 도움을 주는 도구로, 지적장애인과 같은 적응 행동에 상당한 제한이 있는 사람들뿐 아니라 발달장애, 학습장애, 청각 및 시각 장애, 주의력결핍-과잉행동장애, 정서 및 행동 장애, 다양한 유전적 장애 등 다양한 장애의 임상적 진단에도 활용할 수 있습니다. 의사소통(수용, 표현, 쓰기), 생활 기술(개인, 가정, 지역사회), 사회성(대인관계, 놀이 및 여가, 대처 기술), 운동 기술(대근육, 소근육) 등의 주 영역 및 하위 영역을 포함하고 있으며, 내현화 및 외현화의 부적응 행동 지표 점수를 제공합니다.

사회성숙도 검사(SMS)

사회성숙도 검사(Social Maturity Scale)는 출생 시부터 성인기까지 사용할 수 있으며, 자조(일반, 식사, 용의), 이동, 작업, 의사소통, 자기관리, 사회화 등 6개 영역의 117개 문항으로 구성되어 있습니다. 사회적 능력, 즉 적응 행동을 평가하여 개인의 성장 또는 변화를 측정합니다. 사회연령 및 사회성숙도 지수를 산출함으로써, 치료나 훈련 프로그램이 끝난 이후의 향상 정도를 측정하는 데 활용할 수 있고, 정신지체 여부나 그 정도를 판별하는 도구로 사용할 수도 있습니다.

한국판 적응 행동 검사(K-SIB-R)

적응 행동 검사(Scales of Independent Behavior-Revised)는 다양한 일상생활 영역에서 지적장애 소아의 적응 행동 수준을 평가하고, 교육, 치료 목표 및 프로그램을 계획하기 위한 정보를 제공합니다. 문제 행동을 반영하는 부분과 독립성을 측정하는 4개 범주, 14개 하위 영역에서의 수행 및 기능을 평가합니다. 독립적 적응 행동은 운동 기술, 사회적 상호작용 및 의사소통 기술, 개인생활 기술, 지역사회 생활 기술로 구성되어 있으며, 문제행동은 내부 부적응 행동, 외적 부적응 행동, 반사회적 부적응 행동 영역으로 구성되어 있습니다.

발달 검사와 인지 검사

DEP 영아 선별 교육 진단 검사

영아 선별 교육 진단 검사(Developmental Assessment for the Early Intervention Program Planning)는 생후 0~36개월 사이에 있는 발달지체 영아나 장애 가능성이 있는 영아를 조기 선별하기 위한 검사로, 6개 발달 영역(대근육 운동 기술, 소근육 운동 기술, 의사소통, 사회정서, 인지, 기본 생활)을 평가합니다. 부모, 양육자, 교사가 직접 관찰해서 수행 여부를 검사할 수 있으며, 검사를 통해 영아의 발달 수준을 확인하고, 영아가 지닌 장점과 취약점을 파악할 수 있습니다.

한국 영유아 발달 선별 검사(K-DST)

영유아 발달 선별 검사(Developmental Screening Test for Infants & Children)는 다양한 영역에서 습득하는 발달 기술을 종합적으로 평가하며, 발달 문제가 있는 영유아를 선별하기 위한 부모 보고식 검사입니다. 부모가 직접 영유아의 발달사항을 관찰하고 체크하는 선별 검사로, 실시 절차가 간편하고 표준화되어 있다는 특징이 있습니다. 생후 4개월부터 71개월까지의 영유아를 대상으로 하며, 발달 영역을 폭넓게 평가하고 있어 의료 현장에서 빠르고 효과적으로 발달 지연을 판별하는 데 유용합니다.

K-CDI 소아 발달 검사

소아 발달 검사(Child Development Inventory)는 부모의 보고를 통하여 15개월에서 만 6세 사이 소아의 발달상의 문제를 조기에 선별하기 위한 검사로, 소아의 발달 상태를 측정하는 사회성, 자조행동, 대근육 운동, 소근육 운동, 표현 언어, 언어 이해, 글자와 숫자 영역 등의 8개 하위 발달 척도와 전체 발달을 평가하며, 부가적인 정보를 제공해주는 문제항목 영역으로 구성되어 있어 소아에 대한 심도 있는 발달적 정보를 얻을 수 있습니다.

영유아기 소아의 조기 발달적 문제나 장애 여부 선별에 유용하며, 부모와 교사의 교육 계획 및 중재를 위한 기초 자료로 사용할 수 있습니다. 특히, 청각 능력, 건강, 성장, 그리고 행동상의 문제 등과 같은 현재 소아의 발달에 대해 의심되는 증상과 문제를 체크하는 항목이 있어 발달 진단 결과를 이해하는 데 유용한 자료를 제공합니다.

한국형 베일리 영유아 발달 검사(K-BSID)

베일리 영유아 발달 검사(Bayley Scales of Infant and Toddler Development)는 전 세계적으로 가장 널리 사용되는 발달 검사로서, 생후 16일~42개월 영유아를 개별적으로 평가하여 현재 발달 기능을 파악하고, 발달 문제를 조기에 발견하여 중재의 가능성을 높이는 것을 목적으로 합니다. 베일리 영유아 발달 검사 3판은 소아의 발달 검사 영역을 인지, 언어(표현 언어, 수용 언어), 운동(대근육, 소근육, 사회-정서, 적응 행동(하위 기술 10가지)의 5가지 발달 검사와 16가지 하위 검사로 구성되어 있으며, 영유아에 대한 통합적인 발달 정보를 제공합니다.

취학 전 통합 능력 평가 도구(MSEL)

Mullen(1995)이 개발한 초기 학습 척도(MSEL: MULLEN Scale of Early Learning)는 출생 후부터 68개월까지의 유아와 학령기 이전 소아의 포괄적인 인지적 기능 측정을 위해 대상자들에게 개별적으로 사용하는 측정 도구입니다. 대근육 운동, 시각 수용, 소근육 운동, 수용 언어, 표현 언어 등의 5가지 영역으로 구성되어 있으며, 각 영역에 대한 표준 점수와 일반적인 지적 능력을 반영하는 단일합산점수를 제공합니다. 이 도구는 베일리 척도(BSID)와 높은 상관관계를 보이며 타당도가 입증되었습니다.

한국판 의사소통 및 상징 행동 발달 검사(K-CSBS DP)

K-CSBS DP는 6개월에서 2세 사이에 있는 영유아나 9세 미만 발달장애아의 사회적 의사소통과 상징 능력을 평가하기 위해 개발된 검사입니다. 언어 발달 지연 영유아는 물론 자폐스펙트럼장애나 지적장애와 같은 발달장애 소아의 조기 선별이나 판별, 의사소통 행동 중재 계획이나 중재를 통한 변화 모니터링에 유용하게 활용할 수 있습니다.

언어 이전기부터 발달하는 초기 의사소통 행동을 측정하는 검사로, 언어 표현을 시작하지 않았거나 막 시작한 영유아와 의사소통이 초기 발달 시기에 머물러 있는 발달장애 소아의 의사소통 발달 평가에 활용할 수 있습니다. 특히, 동일한 평가 영역을 관찰 기반의 검사자 직접 검사(K-CSBS DP 행동 표본 검사)와 양육자 보고 검사(K-CSBS DP 양육자 설문 검사)를 통해 평가할 수 있도록 하여 나이가 어린 영유아나 발달장애 소아의 행동을 보다 정확히 평가할 수 있습니다.

K-CSBS DP를 구성하는 세 검사(K-ITC, K-CSBS DP 행동 표본 검사 및 양육자 설문 검사)는 모두 공통적으로 3개의 구성 영역(사회적, 발화적, 상징적 영역)과 그에 속하는 총 7개의 세부 요인(정서 및 시선, 의사소통, 몸짓, 말소리, 낱말, 이해, 사물 사용)을 평가합니다.

심리 교육 프로파일(PEP)

심리 교육 프로파일(Psychoeducational Profile)은 생활연령 1~12세 사이의 소아(정신연령 1~5세)를 대상으로 7개 영역에서의 발달 척도 프로파일을 작성하고 병리 척도를 측정하도록 되어 있는 검사입니다. 발달 척도는 모방, 지각, 작은 근육 운동, 큰 근육 운동, 눈-손 협응, 언어 이해, 언어 표현 등이 있습니다.

한국판 라이터 비언어성 지능 검사(K-Leiter-R)

K-Leiter-R(Korean version of Leiter International Performance Scale-Revised)

는 개별적으로 실시되는 표준화된 비언어적 지능 측정 도구로, 2세 0개월에서 7세 11개월에 해당하는 소아의 인지 기능을 평가합니다. 평가 내용은 크게 시각화 및 추론(Visualization and Reasoning), 주의력 및 기억력(Attention and Memory)으로 구성되며, 총 19개의 소검사로 구성되어 있습니다. 전체 지능 지수(Full scale IQ)와 함께 유동적 추론, 기본적 시각화, 기억 선별, 연합 기억, 기억 폭, 주의력, 기억 과정, 재인 기억 등의 복합 점수가 산출되는데, 지능 점수에 대한 기술적인 분류는 다른 지능 검사와 마찬가지로 90~109점을 평균으로 10점 단위마다 최우수/영재, 우수, 평균 상, 평균, 평균 하, 경계선, 경도 지체, 중등도 지체, 중증 지체로 구분합니다.

운동 검사와 지각·감각 검사

한국판 오세레츠키 운동 능력 검사(BOT-2)

오세레츠키 운동 능력 검사(Bruininks-Oseretsky Test of Motor Proficiency)는 만 4세부터 16세의 대상에게 시행할 수 있으며, 동작 훈련 평가와 발달을 위해 사용하는 검사 도구로, 대운동 및 소운동 기술 능력 측정뿐만 아니라 운동 숙련 정도의 전반적인 지표를 제공합니다.

모든 연령 단계에서 일반적 정적 협응 검사, 손동작 협응 검사, 일반 동작 협응 검사, 운동 속도 검사, 동시적 다발 동작 검사, 단일 동작 수행 능력 검사 등의 6개의 하위 검사 영역으로 구성되어 있습니다. 경도 및 중등도의 운동조절장애가 있는 소아들에게도 사용할 수 있으며, 운동 능력에 일정한 장애가 있고 추가 평가가 필요한 사람들의 진단을 위해 활용할 수 있습니다. 게임같이 도전할 수 있는 평가항목을 구성하여 소아가 흥미를 느끼며 평가를 진행할 수 있도록 하였으며, 인지 기능이나 주의력 문제, 언어장애를 가진 소아들도 각 항목에 대해 쉽게 이해할 수 있습니다.

이 검사는 단순한 운동의 양적 측정만을 시도하는 것이 아니라 협응력, 속도, 자발 동작, 단일 동작, 수행 능력들을 측정하는 데 주목적이 있으며, 나이에 따라 성장하는 운동 능력의 성숙도를 실제로 측정하기 위해 개발되었습니다. 이 검사는 소아의 발달과 교육에 관한 평가뿐만 아니라 직업, 사회, 임상, 분야에서 소아를 평가함에 있어서도 중요한 기초 자료를 얻을 수 있습니다.

시각-운동 통합 발달 검사(VMI)

시각-운동 통합 발달 검사(Beery-Buktenica Developmental Test of Visual-Motor Integration)는 2~15세 대상으로 시각-운동 통합 능력과 시지각 능력, 운동 협응 능력을 측정하는 검사입니다. 시각-운동 통합(Visual-Motor Integration)이란 시지각 정보를 운동신경계를 통해 실제 행동으로 옮기는 지각-운동 기능을 의미하는데, 시지각과 손가락 움직임을 협응하는 능력, 글씨 쓰기와 같은 행동을 하기 위해 시각적으로 입력된 정보와 그에 따른 운동 반응을 협응하는 능력으로 볼 수 있습니다.

VMI-6는 감각 입력과 운동 활동을 통합하는 능력을 평가하는 '시각-운동 통합 검사(VMI)'와 시각 자극을 선행경험과 관련시켜 인식, 변별, 해석하는 능력을 평가는 '시지각 검사'와 쓰기에 사용되는 소근육군의 지속적 협응 능력을 평가하는 '운동 협응 검사' 이렇게 2개의 보충검사로 구성되어 있습니다. 시각-운동 통합 발달 검사의 검사지는 소아들이 모사할 24개의 기하도형을 제시하는데, 기하도형은 가장 단순한 것에서부터 가장 복잡한 것으로 난이도에 따라 배열되어 있으며, 각 도형은 경험의 차이에 크게 좌우되지 않고 소아의 흥미를 유지하며 실시할 수 있는 도형으로 구성되어 있습니다.

검사 결과는 표준점수와 5개의 범주 수준(낮음, 약간 낮음, 평균, 약간 높음, 높음), 백분위 점수와 등가연령이 제공됩니다. 이 검사는 시각-운동 통합, 시지각 또는 운동 협응에 심각한 결함이 있는 소아에게 필요한 교육적·의학적 중재를 제공하기 위해 장애를 조기에 식별하는 것을 주요 목표로 개발되었습니다. 국내 임상 현장에서 VMI는 수검자가 너무 어리거나 장애 정도가 심해 표준화된 지능검사를 실시하기가 어려운 경우 발달지수를 산출하거나 혹은 장애를 판별하기 위한 비언어적 지능검사 도구로 활용 가능합니다.

한국판 시지각 발달 검사(K-DTVP-3)

시지각 발달 검사(Developmental Test of Visual Perception-3판)는 만 4~12세 대상으로 시지각 능력과 시각-운동 능력을 측정하기 위해 개발되었으며, 눈-손 협응, 따라 그리기, 도형-배경, 시각 통합, 형태 항상성 등의 5가지 하위 유형으로 구성되어 있습니다.

시지각 통합지수와 운동 축소화-시지각 지수가 제공되며, 공간 관계, 공간 위치, 형태 항상성, 도형-배경 측정을 통해 시지각 및 시각-운동 통합 능력을 측정합니다. 검사의 결과는, 시지각 결손 소아의 수준과 현재 상태를 파악하고, 시지각 및 시각-운동 능력에 문제가 있는 소아들에게 특별한 훈련프로그램의 영향을 보여주는 것 등으로 활용 가능합니다.

한국판 감각프로파일(K-SP-2)

SP-2(Sensory Profile 2)는 일상생활 맥락에서 소아의 감각 처리 패턴을 평가하기 위한 표준화된 도구로, 감각 처리가 어떻게 소아의 참여를 지지하거나 방해하는지에 대한 고유한 정보를 제공합니다. 개인의 감각 처리 패턴을 평가하여 일상생활에서 감각 자극에 대한 반응을 탐색하며, 감각 선호도, 혐오도, 민감도를 파악하는 데 정보를 제공합니다. 등록(Registration), 추구(Seeking), 민감(Sensitivity), 회피(Avoiding) 등의 4가지 영역에서의 감각 및 행동 섹션에서, 영아, 유아, 소아 등의 발달 수준에 따라, 일반, 청각, 시각, 촉각, 움직임,

구강 감각, 행동, 몸 위치, 행위, 사회정서, 주의집중 등의 요인을 포함하고 있습니다.

제5장

자폐스펙트럼장애의 원인은 무엇일까요?

요약

자폐스펙트럼장애의 원인과 진단에 대한 이해를 높이기 위해 다양한 의학적 검사를 시행할 수 있습니다. 이러한 검사들은 환자의 상황에 맞추어 실시하되, 전문가의 의견을 듣고 지도를 받으며 진행해야 합니다. 이들 검사는 다음과 같습니다.

- 자세한 병력 청취와 신체검사: 환자와 가족의 병력 확인 및 머리 둘레, 성장 평가, 피부 이상 소견 등을 평가합니다.
- 유전 질환 관련 검사: 유전적 요인을 확인하기 위해 관련 유전자 검사를 시행합니다. 특히, 취약X염색체 증후군, 결절성 경화증 등과 관련된 동반 질환의 가능성이 있는 경우 이를 확인합니다.
- 마이크로어레이 검사: 염색체의 복제수 변이를 확인하여 자폐스펙트럼장애와 관련된 유전자 이상을 발견하는 데 도움이 됩니다.
- 전 엑솜 염기서열 분석: 엑솜 부분에 해당하는 전체 DNA에서 단백질 합

성 정보를 분석하여 유전자 이상을 확인합니다.

- MRI 및 뇌파 검사: 뇌의 구조와 기능을 확인하여 자폐스펙트럼장애와 관련된 다른 이상 소견이나 발작 가능성을 확인하는 데 필요할 수 있습니다.
- 기타 검사: 환자의 상태에 따라 갑상선 호르몬 검사, 근육 효소 검사 등의 추가 검사가 필요할 수 있습니다.

이러한 검사들은 자폐스펙트럼장애를 진단하고 원인을 밝히는 데 도움이 되지만, 항상 전문가의 지도와 의견을 받아야 하며, 검사 결과를 해석하는 데 주의가 필요합니다.

유전적 요인

자폐스펙트럼장애의 발병에 유전은 많은 영향을 미치는 것으로 알려져 있습니다. 형제 또는 자매가 자폐스펙트럼장애를 앓고 있을 때 자폐스펙트럼장애의 발병률은 훨씬 더 높은 것으로 보고됩니다. 쌍둥이 연구에서도 이란성 쌍둥이보다 일란성 쌍둥이인 경우 자폐스펙트럼장애가 동시에 발병할 확률이 훨씬 더 높았습니다.

그동안 발표된 쌍둥이 연구들을 종합하여 다시 분석한 메타분석 연구에 따르면, 쌍둥이 총 6,413쌍을 포함해서 분석한 결과 일란성 쌍둥이에게 자폐스펙트럼장애가 동시에 발병할 확률이 98%, 이란성 쌍둥이의 경우에는 자폐스펙트럼장애가 동시에 발병할 확률이 53~67% 사이인 것으로 나타났습니다. 이 연구에서는 자폐스펙트럼장애 발병에 유전이 관여할 확률을 64~91% 사이라고 추정하였고, 이러한 연구 결과는 자폐스펙트럼장애에 유전이 영향을 미친다는 강력한 근거가 됩니다. 하지만 자폐스펙트럼장애의 발병에 영향을 미치는 유전과 관련한 병의 발생 원인이나 임상적인 양상은 환자에 따라 각각 다르고 다양한 것으로 보입니다.

또한, 부모의 성별과는 상관없이 한쪽 부모의 연령이 높은 경우 자폐스펙트럼장애를 가진 자녀가 태어날 확률이 높습니다. 아버지의 경우에는 연령의 증가에 따른 생식세포의 돌연변이가 관련이 있다는 연구들이 있습니다. 하지만 어머니의 경우에는 연령의 증가가 자폐스펙트럼장애의 발병에 어떻게 영향을 미치는지, 그 이유는 무엇인지 아직 불확실합니다. 아버지와 어머니의 연령의 증가가 자폐스펙트럼장애의 발병에 각각 영향을 미치며, 아버지와 어머니의 연령이 모두 높았을 때 자폐스펙트럼장애의 발병률은 더욱 높아지는 것으로 알려져 있습니다.

하지만 자폐스펙트럼장애의 발병에 관여하는 유전자의 역할이나 유전자들 사이의 상호작용, 유전자의 발현에 영향을 미치는 환경의 영향 등 자폐스펙트럼장애의 유전학에 대한 이해는 아직 많이 부족합니다. 최근 들어 유전자 검사에 많은 발전이 있었고, 자폐스펙트럼장애의 발병에 관여하는 것으로 보이는 일부 유전자들이 확인되고 있습니다. 이러한 유전자들은 상염색체 우성 유전, 상염색체 열성 유전, 성염색체 관련 유전 등 다양한 양식으로 유전될 수 있고, 부모에게는 없는 돌연변이인 경우도 있을 수 있습니다.

하지만 이러한 자폐스펙트럼장애의 발병에 영향을 미치는 유전자는 환자에 따라 각각 다르고 다양해서, 발견된 개별 유전자들 중에 전체 자폐스펙트럼장애 발병의 1% 이상을 차지하는 유전자는 없었습니다. 따라서 자폐스펙트럼장애의 발병에 관여하는 고유한 특정 유전자는 확인되지 않으며, 뇌의 발달과 기능에 영향을 미칠 수 있는 다양한 유전자들이 자폐스펙트럼장애의 발병에 관여하는 것으로 생각됩니다. 또한 이러한 유전자들은 자폐스펙트럼장애뿐 아니라 지적장애, 뇌전증, 조현병 등 다양한 신경 질환과 발달 질환의 발병에도 관련될 수 있습니다.

다른 한편으로는 유전자의 정보에 해당하는 DNA의 염기서열은 변하지 않더라도, 유전자의 활성화 상태의 변화가 자폐스펙트럼장애의 원인이 될 수 있다는 연구들도 있습니다. 이러한 유전자의 발현을 조절하는 과정을 연구하는 유전학의 한 분야를 후성유전학(Epigenetics)이라고 하는데, 최근에 자폐스펙트럼장애에서 연구가 활발히 이루어지고 있습니다. 유전자의 발현은 DNA의 메틸화, 그리고 DNA의 정보가 RNA로 옮겨지는 전사(Transcription) 후에 이루어지는 히스톤 단백질의 변화 등에 의해 조절됩니다. 자폐스펙트럼장애의 원인이 되는 일부 유전 질환(레트 증후군, CHARGE 증후군, 15q 중복, 엔젤만 증후군, 취약X염색체 증후군 등)들은 이러한 후성유전학적 조절 인자에 대한 정보를 담고 있거나, 조절의 변화에 민감한 유전자와 관련이 있습니다.

또한 후성유적학적 조절은 산모의 산전 노출, 출생 후 문제들과 같은 환경적 요인에 의해 영향을 받을 수 있습니다. 하지만 이러한 후성유전학적 변화가 유전자 발현을 조절하는 유일한 과정은 아니며, 이를 더 넓은 범주의 환경적인 영향들과는 구분해야 합니다. 현재는 환경적인 요인에 의한 유전자 발현의 변화가 자폐스펙트럼장애의 원인이 된다는 근거는 매우 제한적입니다.

유전학은 지속적으로 발전하고 있는 분야이며, 자폐스펙트럼장애의 정확한 유전적인 원인을 밝히려는 연구는 계속되고 있습니다. 현재까지는 자폐스펙트럼장애 발병의 복잡한 성격으로 미루어볼 때, 유전적 요인만이 아니라 여러 요인들이 상호작용하여 자폐스펙트럼장애를 일으키는 것으로 이해하고 있습니다.

환경적 요인

자폐스펙트럼장애의 발병에 임신 중 약물 복용이나 감염과 같은 질환, 출산할 때 문제들, 그밖에 환경적인 문제들이 영향을 미치는지에 대해서는 아직 확실한 근거와 결론은 없습니다. 임신 중에 발프로산염, 탈리도마이드와 같은 항경련제, 입덧 방지용 약이 자폐스펙트럼장애의 발병과 관련이 있다는 보고가 있었습니다. 그리고 산모의 임신 간격이 짧았을 때, 쌍둥이와 같은 다태 임신, 임신 중 출혈이 있었을 때, 임신성 당뇨병을 앓았을 때, 산모가 비만했을 때, 임신 중 풍진이나 거대세포바이러스와 같은 감염을 앓았을 때 자폐스펙트럼장애의 발병 위험이 높다는 보고도 있습니다. 또한 미숙아나 저체중 출생아와 출생 시 저산소증을 앓았을 때에도 자폐스펙트럼장애 발병의 높은 위험과 관련이 있습니다.

이러한 요인들은 임신 중에 태아의 뇌 발달에 영향을 미치거나 또는 다른 자폐스펙트럼장애의 유전적인 소인을 가진 신생아의 유전자 발현에 영향을 미친 것일 수 있습니다. 그밖에 자폐스펙트럼장애의 발병에 유기인산염, 살충제, 중금속, 휘발성 유기화합물, 대기오염, 이산화질소 등이 영향을 미치는지에 대해서도 연구하고 있습니다. 이러한 환경적인 영향과 관련해서 어린이와 임신부는 알려진 신경 독성 물질에 대해 노출을 제한하는 것이 바람직합니다.

한편 환경적 요인으로, 초기 양육 환경과 부모의 양육 태도가 자폐스펙트럼장애의 발병에 어떤 역할을 할 수 있는지에 대해서도 연구하고 있습니다. 애착은 초기 양육에서 형성되는 중요한 사회적 유대 관계입니다. 어린 시절의 안정적인 애착 관계는 아이의 사회적·정서적 발달에 중요합니다. 자폐스펙트럼장애가 있으면 사회적 상호작용에 어려움이 있을 수 있으며, 이는 애착 형성에 어려움을 일으킬 수 있습니다. 하지만 현재까지의 연구는 애착 형성의 문제가 자폐스펙트럼장애의 원인이라기보다는 자폐스펙트럼장애 아이에게서 애착 형성의 방식이 다를 수 있음을 시사하고 있습니다.

또한 가정환경이 자폐스펙트럼장애의 발병에 직접적인 원인이라는 근거는 제한적입니다. 하지만 안정적이고 지지적인 가정환경은 자폐스펙트럼장애 아이의 발달을 돕는 중요한 역할을 할 수 있으며, 스트레스가 많은 가정환경은 자폐스펙트럼장애 아이의 전반적인 발달에 부정적인 영향을 미칠 수 있습니다. 초기의 연구에서는 부모의 양육 방식이 자폐스펙트럼장애의 원인으로 간주되기도 했지만, 이러한 주장 역시 현재 받아들여지지 않습니다. 그동안의 연구에 따르면 부모의 양육 태도는 자폐스펙트럼장애의 발병에 직접적인 원인은 아닙니다. 하지만 부모의 양육 태도와 가정에서의 지지가 자폐스펙트럼장애 아이의 적응 능력과 발달에 중요한 영향을 미칠 수 있습니다.

결론적으로 애착, 가정환경, 부모의 양육 태도 등은 자폐스펙트럼장애에서 발달과 적응에 중요한 영향을 미칠 수 있지만, 이러한 요인들이 자폐스펙트럼장애의 직접적인 원인이라고 보기는 어렵습니다. 이러한 요인들은 자폐스펙트럼장애 아이의 삶의 질과 발달에 중요한 역할을 할 수 있으며, 적절한 지원과 이해를 통해 아이의 잠재력을 최대한 발휘하는 데 도움을 줄 수 있습니다.

면역학적 요인

임신 중에 감염이나 발열과 같은 면역의 활성화가 자폐스펙트럼장애의 발병 위험을 높인다는 일부 연구도 있습니다. 태아의 뇌 발달에 영향을 미치는 모체의 항체 검사를 통해 자폐스펙트럼장애의 발병 위험을 예측하는 연구가 이루어지고 있지만, 현재 이러한 면역검사를 권장하고 있지는 않습니다.

그리고 자폐스펙트럼장애의 발병 위험을 증가시키는 환경적인 요인으로 백신 접종의 연관성은 과학적인 연구 근거가 없습니다. MMR 백신이나 백신에 함유된 치메로살, 알루미늄 등의 성분, 백신 접종의 횟수와 자폐스펙트럼장애의 발병과의 연관성은 통계적으로 전혀 입증되지 않았습니다. 2014년 125만 6,407명의 대규모 집단 연구와 9,920명의 환자-대조군 연구 등을 포함해서 메타분석을 한 연구에서 그동안의 연구들을 검토하고 이러한 결론을 내렸습니다.

백신 접종을 반대하는 사람들과 이와 관련한 일부 언론의 보도가 백신 접종의 불확실한 위험에 대한 인식을 부풀릴 수 있습니다. 하지만 자폐스펙트럼장애의 발병과 관련한 과학적 근거들은 압도적으로 백신의 안정성을 뒷받침합니다.

신경해부학적 요인

자폐스펙트럼장애에서 뇌의 구조적인 이상이 관련되어 있는지에 대해서도 많은 관심을 기울이고 있지만, 실제 자폐스펙트럼장애 환자의 뇌를 사망 후에 연구에 사용할 수 있는 경우는 많지 않기 때문에 연구에 많은 제한이 있습니다. 그동안 보고된 연구를 보면 대뇌의 피질, 해마, 편도체 등의 변연계, 기저핵, 시상, 소뇌, 뇌간 등에서 뇌 발달 이상이 있었다는 일부 보고가 있습니다. 이러한 뇌의 발달 이상에는 엄마 배 속에서 태아 시기에 신경세포가 정상적인 위치로 이동하고, 정해진 위치에 맞게 형성되는 과정 등의 문제들이 있습니다.

특히 자폐스펙트럼장애 환자에게서 소뇌의 퍼킨제 세포(Purkinje cell)의 수가 감소되었다는 연구가 많습니다. 이렇게 퍼킨제 세포의 수가 감소하는 것을 초기에는 출생 이전의 문제로 생각했지만, 최근에는 자폐스펙트럼장애에서 동반되는 발작이나 약물, 뇌경색 등 후천적인 다른 요인에 의할 가능성이 높은 것으로 제시되고 있습니다. 현재까지 자폐스펙트럼장애 환자들에게 일관되게 관찰되는 뇌의 구조적인 이상은 확인되지 않고 있습니다.

그리고 조금 늦게 자폐스펙트럼장애로 진단되는 아이들의 출생 시 머리 둘레가 평균 또는 평균 이하일 수 있으며, 향후 2세 이전에 빠르게 증가했다는 연구 결과들도 있습니다. 이러한 급속한 뇌의 성장은 유아 시기에 머리 둘레와 MRI로 확인한 뇌의 용적을 평균보다 유의미하게 높게 만듭니다. 그러다 뇌의 성장은 다시 정체되어, 청소년기와 성인기에는 평균과 비슷해지는 결과를 보였습니다.

한편 자폐스펙트럼장애를 앓는 연령이 낮은 아이들의 16%에서 머리 둘레가 97백분위수보다 컸다는 보고도 있습니다. 한 연구는 자폐스펙트럼장애를 앓는 형제 또는 자매를 가진 아이들이 12개월에 머리 둘레가 더 크고, 12개월에서 24개월 사이에 머리 둘레의 성장이 느린 경우에 자폐스펙트럼장애로 진단받을 확률이 더 높았다는 결과를 보고하기도 했습니다. 이러한 연구 결과들은 뇌의 성장 패턴이 자폐스펙트럼장애와 관련이 있고 조기에 자폐스펙트럼장애를 발견하는 데 유용할 수 있다는 가능성을 제시했습니다. 하지만 결과적으로 자폐스펙트럼장애 위험 집단을 대상으로 한 대규모 연구에서 머리 둘레의 성장률로 자폐스펙트럼장애를 예측하지는 못했습니다.

또한 MRI와 같은 신경 영상 검사를 통해 원인을 밝히려는 연구들도 많이 이루어지고 있습니다. 자폐스펙럼장애 환자의 MRI를 통해 확인한 뇌의 총 용적뿐 아니라, 대뇌의 피질과 백질의 부피가 특히 전두엽, 측두엽 등 부위에 따라 차이가 있었다는 연구 보고들이 있었습니다. 그리고 뇌의 편도체, 뇌척수액의 부피도 차이가 있었다는 연구도 있었습니다. 또한 자폐스펙트럼장애 환자의 뇌의 여러 구조에서 비대칭성을 확인한 연구들도 있습니다. 하지만 이러한 결과들은 연구에 따라 상반되기도 하고 일관적이지 않습니다.

최근에는 MRI 검사 중에서도 기능적 MRI라고 하는 기법을 적용해 연구하고 있습니다. 이러한 연구에서 자폐스펙트럼장애 환자의 시각 처리, 언어, 실행 기능, 사회적인 처리 기술 등의 뇌의 기능이 일반인과 차이가 있다는 결과가 나왔습니다. 또한 사회적인 자극에 대한 주의, 자극의 강도에 따른 반응의 조절, 작업 기능, 실행 기능에서 뇌의 작용 메커니즘의 차이를 보였습니다. 자폐스펙트럼장애 환자의 뇌의 기능적인 연결이 언어, 사회성, 감정 처리, 운동, 실행 기능과 관련하여 떨어지고, 이러한 뇌의 연결성은 특히 전두엽과 뇌의 뒷부분 사이에서 두드러지게 확인되었습니다.

신경생리학적 요인

신경 영상 검사뿐 아니라 뇌파와 같은 전기생리학적 검사를 이용한 연구도 이루어지고 있습니다. 이러한 전기생리학적 검사를 이용하여 자폐스펙트럼장애 환자에게 언어를 포함한 청각 자극, 사람의 얼굴 등을 이용한 시각 자극, 다른 여러 가지 감각 자극, 감각의 통합과 같은 과정과 주의, 인식, 기억 등의 과정에서 신경의 기능적인 연결을 밝히는 연구를 시도하고 있습니다. 이러한 연구들에서는 안정 시, 그리고 작업 시에 뇌의 주파수 범위별 전력이나 뇌의 부위별 일관성을 정량적 뇌파 분석이라는 기법을 이용하여 계산하고 설명합니다. 이러한 연구들을 통해 일부에서 나중에 자폐스펙트럼장애를 진단받은 환자들이 생후 2개월에서 6개월까지 시선의 고정 빈도가 감소했다는 결과를 보고하기도 했습니다. 앞으로 자폐스펙트럼장애의 연구에서 정량적 뇌파 분석은 유망한 분야로 관심을 받고 있지만 아직 추가적인 연구가 필요합니다.

다양한 연구를 진행하며 머리 둘레의 측정, 혈액이나 소변 검사, 뇌의 조직 검사, MRI와 같은 신경 영상 검사, 뇌파 검사 등을 통해 자폐스펙트럼장애를 예측하고 진단하고자 시도했지만 현재까지 임상적으로 이를 사용하는 데 타당성을 입증받지는 못했습니다. 아직 이러한 연구의 타당성이 부족한 상태에서 이러한 검사가 환자와 가족에게 상업적으로 판매되고 이용되는 데는 많은 우려가 있으며, 윤리적인 문제가 될 수도 있습니다. 앞으로 더욱 많은 연구를 통해 대규모의 자료가 축적되고 분석 기술이 발전하여 자폐스펙트럼장애의 원인이 자세히 밝혀지고 이러한 예측과 진단이 가능해지길 기대합니다.

자폐스펙트럼장애에 권장되는 의학적 검사는 어떠한 것들이 있나요?

아이가 자폐스펙트럼장애로 진단받으면, 자폐스펙트럼장애의 원인이 될 수 있거나 동반될 수 있는 의학적인 문제를 평가할 필요가 있습니다. 이를 위한 검사로는 염색체 검사, 취약X염색체 증후군 유전자 검사, 최근에는 마이크로어레이라고 하는 유전자 분석 검사 등이 있습니다. 이처럼 자폐스펙트럼장애의 발병 원인과 관련될 수 있고, 자폐스펙트럼장애를 이해하는 데 필요한 것으로서 현재 임상적으로 권장되는 의학적 검사에 대해 살펴보겠습니다.

자폐스펙트럼장애로 진단받은 환자의 기본적인 사항들, 즉 자세한 병력 청취와 신체검사, 신경학적 검사가 가장 먼저 이루어져야 합니다. 병력의 청취에는 가족 중 자폐스펙트럼장애를 포함한 다른 발달 또는 신경학적 질환이 있는지를 살피기 위해 3대에 걸친 가족력을 확인하는 것과 임신 중 약물 복용이나 음주 여부 등을 파악하는 것이 포함됩니다. 그리고 머리 둘레를 포함한 성장의 평가, 다른 기형의 동반 여부, 피부의 이상 소견과 발달 및 신경학적 이상 여부에 대한 신체검사와 신경학적 검사가 평가에 포함되어야 합니다. 피부의 이상 소견은 자폐스펙트럼장애의 증상이 동반될 수 있는 결절성 경화증, 신경섬유종과 같은 신경피부질환에서 동반될 수 있습니다.

자폐스펙트럼장애 환자들 중 일부에서 취약X염색체 증후군, 결절성 경화증 등과 같은 유전 질환이 동반될 수 있습니다. 이러한 유전 질환이 의심되는 경우 관련 유전자 검사를 해야 합니다. 예를 들어, 심한 발달 지연과 머리 둘레의 성장 저하, 특징적인 손의 움직임이 나타나는 여자아이는 레트 증후군이라는 유전 질환의 가능성이 있으며, 레트 증후군 여부를 확인하기 위해 MECP2라고 하는 유전자의 이상 여부를 확인하기 위한 검사를 시행해야 합니다. 또 다른 예로, 큰 머리 둘레와 생식기에 색소성 반점이 있는 경우에는 다발성 과오종 증후군의 가능성이 있으며, PTEN이라고 유전자의 이상 여부를 확인하기 위한 검사를 시행해야 합니다.

자폐스펙트럼장애가 동반될 수 있는 유전 질환은 다음과 같습니다(다음 박스 참조).

자폐스펙트럼장애 관련 유전 질환

- 취약X염색체 증후군: FMR1 유전자
- 1형 신경섬유종증: NF1 유전자
- 다발성 과오종 증후군: PTEN 유전자
- 레트 증후군: MECP2 유전자
- 스미스-렘리-오피츠 증후군: DHCR7 유전자
- 티모시 증후군: CACNA1C
- 결절성 경화증: TSC1, TSC2 유전자

이러한 유전자 검사들 중에서 취약X염색체 증후군에 대한 DNA 검사는 자폐스펙트럼장애를 가진 모든 환자에게 시행할 것을 권장하고 있습니다. 취약X염색체 증후군의 증상은 여자아이보다 남자아이들에게 더 전형적으로 나타나기 때문에, 자폐스펙트럼장애인 남자 환자와 지적장애를 가진 남자 가족이 있는 환자는 취약X염색체 증후군에 대한 유전자 검사의 확인이 특히 중요합니다.

취약X염색체 증후군에서 나타날 수 있는 특징은 큰 머리 크기, 두드러진 턱, 큰 귀, 인대의 이완, 그리고 남자 환자는 사춘기 이후 고환의 크기 증가 등이 있습니다. 취약X염색체 증후군 DNA 검사에서 확인되는 시토신-구아닌-구아닌 트리뉴클레오티드(CGG trinucleotide)의 반복 확장이라고 하는 이상 소견은 이어서 소개할 마이크로어레이와 같은 유전자 검사에서는 확인되지 않기 때문에, 별도의 검사로 처방해야 합니다.

현재 전체 자폐스펙트럼장애 환자의 0.45% 정도에서 취약X염색체 증후군에 해당하는 유전자의 돌연변이를 가지고 있으며, 여자 환자도 상당수 포함되는 것으로 추정하고 있습니다. 취약X염색체 증후군 DNA 검사는 비교적 저렴하고, 취약X염색체 증후군인 경우에 유전과 관련된 상담에 많은 고려사항이 있기 때문에 현재 자폐스펙트럼장애를 가진 남자와 여자 환자 모두에게 검사할 것을 권장하고 있습니다.

자폐스펙트럼장애의 원인이 될 수 있는 유전 질환이 불명확한 경우에 최근에는 마이크로어레이라고 하는 유전자 검사를 권장하고 있습니다. 마이크로어레이 검사는 전체 염색체를 대상으로 염색체 특정 부위의 유전자의 중복 또는 삭제와 같은 유전자 수의 복제수 변이라고 하는 돌연변이를 발견하기 위한 검사입니다. 최근의 연구들에서 자폐스펙트럼장애 환자들에게 마이크로어레이 검사를 시행했을 때 5.4~14%까지 병원성 복제수 변이를 발견하였다고 보고하고 있으며, 병원성 여부가 불확실한 복제수 변이까지 포함했을 때 17~42%까지 복제수 변이가 발견되었다고 보고했습니다. 그리고 이러한 불확실한 복제수 변이의 경우에는 앞으로 병원성인 것으로 밝혀질 가능성도 있습니다.

자세한 병력 확인과 신체검사, 그리고 앞에서 이야기한 자폐스펙트럼장애의 원인이 될 수 있는 유전 질환의 추가 검사에서 원인이 불명확하거나 확인되지 않고, 마이크로어레이 검사에서도 원인이 식별되지 않는다면 다음 단계에서 전엑솜 염기서열 분석(Whole Exom Sequencing)이라는 검사를 시행할 수 있습니다.

엑솜이란 유전자 중에 실제로 단백질을 합성하는 정보를 가지고 있는 부분을 말합니다. 전엑솜 염기서열 분석이란 DNA 중에서 이러한 엑솜에 해당하는 단백질 합성 정보를 가지고 있는 일부 염기서열을 분석하는 검사입니다. 이러한 전엑솜 염기서열 분석을 통해 마이크로어레이 검사에서 확인하지 못하는 복제수 변이 이외의 다른 돌연변이들도 확인할 수 있습니다. 전엑솜 염기서열 분석을 이용한 최근의 연구들에서 자폐스펙트럼장애와 관련될 수 있는 다양한 유전자 이상이 발견되고 있습니다. 최근의 연구들을 보면 전엑솜 염기서열 분석을 시행하였을 때, 연구에 따라 다르지만, 검사를 시행한 대상 환자 중에서 8~20%까지 관련되는 유전자를 확인할 수 있었다고 합니다. 그리고 유전자 검사를 자녀와 부모가 함께 시행하면 자폐스펙트럼장애와 유전자 이상의 관련 여부를 확인하는 데 더 도움이 됩니다.

이러한 유전자 검사를 통해 자폐스펙트럼장애의 원인을 밝히거나 또는 확률적으로 자폐스펙트럼장애와 관련이 있을 수 있는 유전자 이상의 존재 여부에 대한 정보를 얻을 수도 있지만, 이러한 검사 결과가 자폐스펙트럼장애를 진단하거나 자폐스펙트럼장애의 원인을 밝히지 못할 수도 있다는 점을 이해해야 합니다. 자폐스펙트럼장애는 기본적으로 임상적 증상을 기초로 진단하는 질환이며, 최근의 유전자 검사들과 그 결과의 해석에는 아직 많은 제한이 있습니다.

최근 유전자 분석 기술이 점차 발전하고 있으며, 이에 따라 검사의 지침이나 해석에 대한 업데이트가 지속적으로 이루어질 필요가 있습니다. 그리고 이러한 검사는 시행하기 전에 관련 사항과 제한점에 대해 부모에게 충분히 설명하고 상의 후에 실시해야 합니다. 자폐스펙트럼장애 환자의 유전자 검사에 대한 일반적인 단계별 권장 사항은 다음과 같습니다(다음 박스 참조).

자폐스펙트럼장애 환자의 유전자 검사

1. 자세한 병력 청취 및 신체검사: 자폐스펙트럼장애를 포함한 다른 발달 또는 신경학적 질환 여부에 대한 3대에 걸친 가족력의 확인과 머리 둘레를 포함한 성장의 평가, 다른 기형의 동반 여부, 피부의 이상 소견과 발달 및 신경학적 이상 여부에 대한 신체검사와 신경학적 검사가 포함되어야 한다.
2. 병력 청취와 신체검사에서 특정 유전 질환이 의심되는 경우, 유전 관련 전문 의료기관으로 의뢰하거나 해당 유전자 검사를 시행한다.
3. 병력 청취와 신체검사에서 원인 유전 질환의 여부가 불명확한 경우

- 마이크로어레이 검사에 대해 부모와 상의하고 시행을 고려한다.
- 취약X염색체 증후군 DNA 검사에 대해 상의하고 시행을 고려한다: 지적장애를 가진 남자 가족이 있어 가족력이 있는 경우에는 추가 평가를 위해 유전 관련 전문 의료기관으로 의뢰한다.
- 여자아이인 경우에, 레트 증후군에 대한 MECP2 유전자 검사를 고려한다.

4. 추가 검사에서도 원인 유전 질환의 여부가 불명확한 경우에는 전엑솜 염기서열 분석 검사를 고려할 수 있다.

또한 유전자 검사를 시행한 후에는 부모에게 다음 자녀에 대한 계획과 재발 위험에 대한 유전 상담을 해야 합니다. 유전자 검사 결과에서 자폐스펙트럼장애와 관련이 있는 유전자 이상이 확인되었다면, 관련된 특정 유전자에 대한 정보를 제공해야 합니다.

유전자 검사를 시행하지 않았거나, 자폐스펙트럼장애의 원인이 되는 유전자가 밝혀지지 않았다면 다음 자녀에게 자폐스펙트럼장애가 재발할 위험은 다음과 같습니다. 원인을 알 수 없는 자폐스펙트럼장애 자녀를 한 명 출생하였다면 다음 자녀에게 자폐스펙트럼장애가 재발될 확률은 약 10%로 알려져 있고, 원인을 알 수 없는 자폐스펙트럼장애 자녀가 2명 이상이라면 다음 자녀에게 자폐스펙트럼장애가 재발될 확률은 32~36% 정도로 알려져 있습니다. 또한 다음 자녀에게 미칠 위험은 자폐스펙트럼장애뿐 아니라 언어, 신경

발달, 정신장애에서도 20~25% 정도로 높다고 알려져 있습니다.

간혹 대사 이상 질환이 자폐스펙트럼장애의 증상을 일으킬 수 있습니다. 하지만 일반적인 자폐스펙트럼장애 환자가 대사 이상 질환일 가능성은 매우 낮기 때문에, 자폐스펙트럼장애 환자에게 일률적으로 대사 이상에 대한 검사를 시행하는 것을 권장하지는 않습니다. 하지만 발달의 퇴행이 2세 이후에 나타나거나, 운동 발달의 퇴행이 관찰되는 경우와 같이 자폐스펙트럼장애에서 비정형적인 퇴행이 보이거나, 영아 시기에 사망한 형제자매가 있거나 대사 이상 질환의 가족력이 있는 경우, 근육의 심각한 약화나 저긴장증이 있는 경우, 시각이나 청각 장애가 동반된 경우, 비정상적인 외모가 동반된 경우에는 대사 이상 질환에 대한 평가를 위해 전문가에게 의뢰하도록 권장하고 있습니다.

그리고 미국소아과학회에서는 자폐스펙트럼장애 환자에게 운동 발달의 지연이 동반된 경우 갑상선 호르몬 검사와 근육 효소에 대한 검사를 시행할 것을 권장하고 있습니다. 대사 이상 질환은 자폐스펙트럼장애의 흔하지 않은 원인이지만, 치료가 가능한 경우가 있고 유전과 관련된 경우가 많기 때문에 고려해야 할 필요가 있습니다. 그밖에 중금속 등에 대한 모발이나 혈액, 소변 검사 등은, 발달 지연이 있는 경우 일반적으로 권장되는 납 농도에 대한 검사 이외에 권장하지 않습니다.

자폐스펙트럼장애에서 MRI와 같은 신경 영상 검사를 시행하였을 때 관찰되는 소견과 자폐스펙트럼장애와의 관련성은 불확실한 경우가 많습니다. 자폐스펙트럼장애 환자의 MRI에서 부수적으로 관찰될 수 있는 이상 소견은 비교적 흔하지만, 자폐스펙트럼장애와 직접 관련이 있거나 치료가 필요한 경우는 거의 없습니다. MRI 검사가 필요한지 여부는 병력과 신체검사에서 확인된 이상 소견에 따라 결정됩니다.

자폐스펙트럼장애에서 비정형적인 발달의 퇴행이나 비정상적으로 작거나 큰 머리 둘레, 신경학적인 진찰 소견의 이상, 신경학적인 이상과 관련된 유전 질환의 의심 소견, 발작 등이 동반되었을 때는 MRI와 같은 신경 영상 검사를 시행할 필요가 있습니다. 뇌 구조와 기능을 확인하기 위한 MRI 또는 기능적 MRI 검사가 연구의 영역에서는 자폐스펙트럼장애에 대한 많은 유용한 정보를 제시해주고 있지만, 아직 임상적인 유용성에 대해서는 좀더 많은 추가 연구가 필요합니다.

그리고 자폐스펙트럼장애 환자에게 발작이 흔하게 동반될 수 있으며, 발작이 없는 경우에도 뇌파에 이상 소견을 보일 수 있지만 발작이나 비정형적인 발달의 퇴행과 같은 뇌파 검사를 필요로 하는 증상이 없는 경우에는 뇌파 검사를 일률적으로 시행하는 것을 권장하지 않습니다. 하지만 자폐스펙트럼장애 환자는 발작의 위험이 높으므로 발작의 증상에 대해 부모가 숙지하고 의심해야 할 필요가 있습니다. 특히, 뚜렷한 발작의 증상 없이 자폐스펙트럼장애를 의심할 수 있는 갑작스러운 언어 발달의 퇴행이 나타나는 란다우-클레프터 증후군(Landu-Kleffner syndrome)과 같은 수면 중 전기적인 발작 지속증에 대한 주의가 필요하며, 이러한 경우 수면 중 뇌파 검사를 반드시 시행해야 합니다.

제6장

자폐스펙트럼장애 환자의 치료 및 중재(Intervention)는 어떻게 할까요?

요약

조기 진단 및 조기 개입

자폐스펙트럼장애 환자의 치료는 가능한 한 조기에 발견하여 개입을 시작해야 합니다. 시기적으로 적절한 치료는 최대의 효과를 불러올 수 있습니다. 또 연령이나 개별적인 발달에 따른 요구 수준의 차이는 있지만 평생에 걸쳐 이루어져야 하며, 생애주기에 따라 독립적으로 삶을 영위할 수 있도록 장기간에 걸친 치료와 교육 계획을 세우는 것이 필요합니다.

자폐스펙트럼장애 환자의 핵심 증상 치료 I: 포괄적 치료

- ABA intervention: EIBI(Early intensive behavioral intervention) (근거 수준: 상)
- Developmental relationship-focused interventions
  - JASPER(Joint attention symbolic play emotional regulation (근거 수준: 상)
  - PACT(Preschool autism communication trial) (근거 수준: 상)
- Naturalistic developmental behavioral interventions(NDBIs)

- ESDM(Early start Denver model) (근거 수준: 상)
- DIR/Floortime(Developmental, Individual Differences/Floortime) (근거 수준: 중)

- Educational interventions
  - TEACCH(Treatment and Education of Autistic and Communication Handicapped children) (근거 수준: 상)
  - LEAP(Learning experiences and alternative programs for preschoolers and their parents)

자폐스펙트럼장애 환자의 핵심 증상 II: 집중적 중재 치료

- PII(Parent-implemented intervention) (근거 수준: 중)
- PMII(Peer-mediated instruction and intervention) (근거 수준: 중)
- PRT(Pivotal Response Training) (근거 수준: 중)
- SM(Self-management) (근거 수준: 중)
- SST(Social skills training) (근거 수준: 중)
- TAII(Technology-aided instruction and intervention) (근거 수준: 중)
- VM(Video modeling) (근거 수준: 중)
- 감각통합 치료(Sensory integration therapy) (근거 수준: 하)

자폐스펙트럼장애 환자의 정서 치료

미술 치료, 음악 치료, 모래놀이 치료, 무용동작 치료, 승마 치료 등의 다양한 기법이 사용되고 있으나, 치료적인 근거는 사례 연구 등 소규모 연구 정도에 그치는 수준으로 충분하지 못한 실정입니다(근거 수준: 하).

자폐스펙트럼장애 환자의 약물 치료

- 자폐스펙트럼장애의 파괴적 행동과 행동장애 치료에 FDA의 공식 승인을 받은 Risperidone과 이자극성 치료에 FDA의 공식 승인을 받은 Aripiprazole이 있습니다(근거 수준: 상).
- 이외에 Methylphenidate(근거 수준: 상), Olanzapine(근거 수준: 중)이 사용됩니다.
- 다른 비정형 항정신병 약물: Quetiapine, Ziprasidone, Paliperidone (근거 수준: 하).
- Atomoxetine, a2-agonist, Glutamatergic agents, Oxytocin이 사용되기도 합니다(근거 수준: 하).

자폐스펙트럼장애 환자의 공존 질환 치료

- 주의력결핍-과잉행동장애의 치료: 중추신경 자극제 계열의 Methylphenidate가 효과적이며, 비중추신경 자극제 계열의 치료 약제 Atomoxetine도 사용됩니다.

• 불안장애 및 분노조절 문제: 인지행동 치료가 효과적입니다.

행동 문제와 자극과민성: Risperidone이 효과적이며, 여러 가지 행동 치료 기법들이 사용됩니다.

자폐스펙트럼장애 환자의 부모 교육

치료 계획에는 지속적인 부모 교육을 반드시 포함해야 합니다. 뿐만 아니라 가족이 정서적인 건강을 유지하고 탈진하지 않도록 지원하는 것도 매우 중요합니다.

자폐스펙트럼장애 환자에서 치료실을 결정할 때 고려해야할 점

• 치료실의 위치

• 치료실의 시설 및 치료사의 스펙(자격)

공인된 심리치료사 자격증

공인된 언어치료사 자격증

• 치료를 위한 계획 여부: 장·단기 계획서

• 피해야 할 치료실

치료의 목표는
무엇일까요?

자폐스펙트럼장애의 치료 목표는 첫째, 핵심 결함(사회적 의사소통 및 상호작용 문제, 제한적이거나 반복적인 행동 및 관심) 및 이와 함께 발생하는 관련 증상들을 최소화하는 것입니다. 둘째, 사회 적응 기술의 학습 및 습득을 촉진시킴으로써 기능적으로 독립성 확보를 극대화하는 것입니다. 셋째, 환자의 기능을 방해할 수 있는 문제행동을 제거하거나 최소화하고, 가능한 한 미리 예방하는 것입니다. 나아가서 치료는 환자에 맞게 개별화해야 하고, 환자의 발달에 적합하여야 하며, 최대한 집중적으로 이루어져야 합니다.

치료의 원칙은 무엇일까요?

조기 진단 및 조기 개입

자폐스펙트럼장애 환자의 치료는 가능한 한 조기에 발견하여 뇌 가소성이 높은 어린 시기에 개입을 시작할수록 치료의 효과를 높일 수 있으며, 시기적으로 적절한 치료는 최대의 효과를 불러올 수 있습니다. 또 환자의 연령이나 개별적인 발달 수준에 따라 요구 수준의 차이는 있지만 치료는 평생에 걸쳐 이루어져야 하며, 생애주기에 따라 독립적 삶을 영위하기 위한 장기간에 걸친 치료와 교육 계획을 세우는 것이 필요합니다.

개별화된 치료와 교육 계획

무엇보다 자폐스펙트럼장애의 증상은 매우 다양할 뿐만 아니라, 그 스펙트럼 역시 상당히 폭넓은 편이기 때문에 개별 아이가 보이는 증상은 상당히 이질적이고 복잡한 양상을 보입니다. 또한 자폐스펙트럼장애의 모든 문제 영역과 모든 연령에서 동일하게 효과적인 치료 방법은 아직 보고된 바가 없습니다.

따라서 개별 아이의 나이와 발달 수준에 따라 아이별로 구조화된 치료와 교육을 계획하는 것이 필요하며, 아이의 증상을 위주로 행동을 수정하고 교육하는 맞춤형 치료와 교육이 보다 적절합니다. 즉, 환자의 치료 프로그램은 환자 개인의 연령, 발달 수준 및 언어 능력에 따라 개별화되어야 하며, 각 개인의 핵심적인 문제점(약점)과 강점을 동시에 고려하여 계획해야 합니다.

예를 들어 최근에 진단받은 유아의 경우 치료는 행동과 발달 수준에 따라 접근해야(집중적 또는 포괄적인 접근 방식의 맥락 모두에서) 하고, 전문적이거나 일반적인 유치원 프로그램을 포함하는 것이 좋습니다. 그러나 아이가 차츰 나이가 들면 생활 기술을 향상시키는 행동과 발달적 치료뿐만 아니라 좀더 교육적인 차원에서 중재가 이루어져야 합니다.

가족 교육과 지원

자폐스펙트럼장애의 증상은 주변인들의 일상생활을 상당 부분 침해하며, 특히 동일한 것을 고집하고 변화에 저항하는 자폐스펙트럼장애의 증상은 가족들의 일과를 방해하거나 정서적으로 당혹스럽게 하는 경우가 많고, 그로 인해 가족의 삶의 질이 저하되는 경우가 흔합니다. 이에 자폐스펙트럼장애 아이의 가족이 자폐스펙트럼장애의 증상과 그 원인을 잘 파악하도록 하여, 아이의 행동을 무조건적으로 수정하려 들거나 지나치게 훈육하는 것을 지양하는 것이 필요하며, 이를 통해 가족들 스스로도 아이를 어느 정도 이해하고 수용할 수 있도록 돕는 것이 좋습니다.

아이를 자폐스펙트럼장애아로만 보는 것이 아니라 전체를 바라보면 자폐스펙트럼장애 너머에는 다른 아이들과 똑같은 욕구를 갖고 있는 개인이 있습니다. 즉, 삶의 비자폐적 측면에 주의를 기울이고, 좋은 수면, 건강한 영양, 운동 등 전반적인 웰빙을 촉진하는 활동을 장려해야 합니다. 더불어 자폐스펙트럼장애 아이를 양육하느라 소진된 양육자의 심리적인 측면을 지원할 필요가 있습니다.

공존 질환과 삶의 질에 대한 고려

자폐스펙트럼장애는 매우 다양한 공존 질환을 갖고 있음에도 일단 자폐스펙트럼장애 진단을 내린 뒤에는 이런 공존 질환에 대해 주의를 기울이지 않는 경우가 많고, 반대로 여러 가지의 공존 질환 진단을 내리면서 그 기저에 있는 자폐스펙트럼장애를 진단하지 못하는 경우도 많습니다. 해결되지 않는 공존 질환의 경우 자폐스펙트럼장애의 핵심 증상의 치료를 저해할 수 있고 환자의 삶의 질 또한 더 좋지 않게 되므로, 공존 질환을 면밀히 살펴보고 정확히 진단하는 것은 전반적인 치료적 방향을 설정하고 계획을 세우는 데 매우 중요한 과정입니다.

독립적 삶을 위한 전 생애적 접근

자폐스펙트럼장애의 치료적 접근에 있어서 가장 최종적인 목적은 그들이 독립적인 삶을 영위할 수 있는 능력을 개발하는 것입니다. 즉, 일상생활 기능을 저해하는 증상과 행동 문제를 감소시키는 것뿐만 아니라, 보호자의 도움이 없이도 독립적인 생활을 할 수 있도록 기초적인 자조 기술을 교육하고 유지하는 것, 경제적인 활동을 할 수 있도록 기초적인 학습과 기술을 습득시키는 것, 사회적인 생활에 적응할 수 있도록 사회 기술 능력을 향상시키는 것 등이 요구됩니다. 전 생애(유아기/걸음마기, 학령기, 성인으로의 전환기, 성인기의 네 단계)에 걸쳐 자폐스펙트럼장애 아이를 지원하는 것의 중요성은 아무리 강조해도 지나치지 않습니다(이 책에서는 아래의 치료 전략에서 네 단계 중 첫 번째 단계인 유아기/걸음마기에 관해서만 다룹니다).

약물 치료

연구마다 차이는 있지만 점점 더 많은 자폐스펙트럼장애 아이들이 약물적 치료를 받고 있으며, 나이가 들수록 약물 치료를 받는 비율이 더 늘어나고 있습니다. 하지만 현재 자폐스펙트럼장애 아이에게 실시하는 약물 치료는 사회적 상호작용의 결핍이나 의사소통 문제의 호전보다는 불안이나 우울, 강박, 과잉 행동, 주의력 결핍, 수면 문제, 긴장증 등의 동반 증상이나 공격성, 자해, 심한 상동행동 등의 특별한 행동과 관련된 문제를 치료 목표로 하고 있는 수준입니다. 약물 치료를 단독으로 사용했을 때보다 약물 치료와 부모 교육을 결합했을 때 행동 증상이나 적응 능력에 더 큰 효과가 있다는 보고가 있습니다.

그러나 최근에는 다양한 치료적 기법의 제안으로 인하여 자폐스펙트럼장애의 치료에 혼선이 생기는 경우도 적지 않습니다. 즉, 전문가(소아청소년과, 소아정신과, 소아재활의학과 전문의, 임상심리전문가/치료사, 특수 교사, 기타 자격을 갖춘 전문가)와 비전문가의 무차별적인 치료적 권고와 보호자가 치료의 원리 및 방법에 대한 정보가 부족해 시도하게 되는 무분별하고 비효율적인 치료적 개입으로 이어질 수 있으며, 이는 곧 상당한 경제적·시간적 낭비뿐만 아니라 효과적인 치료에 걸림돌이 될 수 있습니다.

근거 기반 치료(EBP)

근거 중심 의학은 임상적인 의사결정을 할 때 의사들의 경험과 적절한 과학적 근거를 통합하여 환자에게 최선의 진료를 제공하기 위한 의학적 방법론입니다. 근거 중심 의학을 통해 정교하게 설계되고 잘 수행된 연구 결과에서 근거를 선택하여 의학적인 의사결정에 이용할 수 있습니다. 메타분석, 무작위 대조 시험(RCT: Randomized controlled trial), 체계적 문헌 고찰 등의 강력한 근거 기반을 가진 연구 결과는 강력한 권장 사항으로, 사례 연구, 환자 대조군 연구 등의 약한 증거 기반을 가진 연구 결과는 약한 권장 사항으로 의학적 의사결정에 반영하도록 합니다.

따라서 모든 치료적 접근은 가능한 한 적정 수준의 이론적인 배경과 사례 연구가 진행되어온 '근거 기반 치료(Evidence-based practice)'를 시도하는 것이 중요합니다. 또한 특정 치료 방법에 지나치게 몰입하거나 양적으로 많은 치료에 집착하는 것이 항상 자폐스펙트럼장애 증상의 호전에 도움이 되는 것은 아님을 인식할 필요가 있습니다.

근거 기반 개입에서 초기에 발표된 근거 수준은 다음과 같습니다.

근거 수준

- 근거 수준 상: 메타분석 연구나 무작위 대조연구가 2개 이상 축적된 치료 기법
- 근거 수준 중: 무작위 대조연구가 1개 이상 축적된 치료 기법

- 근거 수준 하: 공개 시험(Open trial) 연구 수준의 근거가 마련된 치료 기법
- 근거 없음: Well-designed 연구는 이루어진 바 없고, 사례 보고 수준의 근거만 있는 치료 기법

치료 중재 방법(Type of interventions)은 무엇이 있을까요?

연령에 따라

앞에서 언급했듯이 아이의 연령에 따라 최근에 진단받은 유아의 경우 치료는 행동과 발달 수준에 따라 접근해야 하고 전문적이거나 일반적인 유치원 프로그램을 포함하는 것이 좋습니다. 아이가 차츰 나이가 들면 생활 기술을 향상시키는 행동과 발달적 치료뿐만 아니라 좀더 교육적인 차원에서 개입이 이루어져야 합니다.

개입의 범위에 따라

우선 자폐스펙트럼장애 아이의 조기 중재는 중재의 범위에 따라 크게 2가지로 나누어 '포괄적인 치료 모델(CTM: Comprehensive Treatment models)'과 '집중적 중재 치료(FIP: Focused intervention practice)'로 분류됩니다.

포괄적 치료 모델(CTM)

자폐스펙트럼장애 아이의 증상을 치료하기 위한 방법은 매우 다양한 편이나 아직까지 자폐스펙트럼장애의 모든 증상을 완벽히 치료하는 최상의 치료 방법은 개발된 바 없습니다. 자폐스펙트럼장애 증상의 특징을 염두에 두었을 때 사실상 하나의 치료적 접근 방법보다는 다양하고 통합적인 치료적 접근이 요구되고 있습니다. 자폐스펙트럼장애는 발달 전반에 걸친 문제를 갖고 있으므로, 특정한 문제점만을 다루거나 특정한 방법만을 사용하기보다는 발달 전체를 촉진할 수 있는 '포괄적이고 다각적이며 다학제적인' 접근 방법을 사용하는 것이 좋습니다.

자폐스펙트럼장애에 대한 포괄적 개입은 ① 사회적 의사소통의 결핍, ② 언어 발달의 지연과 화용의 문제, ③ 연령에 적절한 놀이 기술의 결여, ④ 제한된 관심 범위 및 강박적 반복행동, 상동행동, 공격성과 자해행동 등 부적응적 기능과 행동 문제를 모두 포함해야 합니다. 포괄적인 중재는 다수의 핵심 영역 각각을 향상시킬 뿐 아니라 각 영역 간의 상승효과도 기대할 수 있습니다.

포괄적 치료 모델에서는 치료 접근 방법으로 응용행동 분석(ABA: Applied behavioral analysis) 접근, 발달적 접근, 자연주의적 접근법이 모두 사용될 수 있습니다. 포괄적 치료 모델의 예로는 조기 집중 행동 개입(EIBI)과 조기 시작 덴버 모델(ESDM), 자폐 및 의사소통 장애 어린이 관련 치료 및 교육 프로그램(TEACCH: Treatment and education of autistic and related communication handicapped children), 취학 전 어린이와 부모를 위한 학습 경험 및 대안 프로그램(LEAP: Learning experiences and alternative programs for preschoolers and their parents) 등이 있습니다

집중적 중재 치료(FIP)

집중적 중재 치료 모델은 단기간에 특정한 작업을 배우거나 사회적 의사소통을 증가시키는 등 제한된 범위의 단일 기술이나 단일 행동목표를 해결하도록 설계되어 있습니다. 이 치료 모델은 포괄적 치료 모델보다 짧은 기간 동안 목표가 달성되는 경향이 있습니다. 예로는 개별 시험 교육(Discrete trial teaching), 시각적 지원(Visual supports), 프롬팅(Prompting) 및 비디오 모델링(Video modeling) 등이 있습니다.

자폐스펙트럼장애가 있는 어린이와 청소년을 위한 교육 프로그램을 건물로 비유할 때 집중적 중재 치료 모델은 이 건물의 블록에 비유할 수 있습니다. 예를 들어, 또래 활용 중재(PMII: Peer-mediated instruction and intervention)가 포괄적 치료 모델인 취학 전 어린이와 부모를 위한 학습 경험 및 대안 프로그램(LEAP)의 핵심이 되는 것이 있습니다.

이론적 접근 방식에 따라

- **응용행동 분석적 중재 접근법**(Applied behavioral analysis intervention approach)

- 발달 관계 중심의 중재 접근법(Developmental relationship-focused intervention approach)
- 자연주의적 발달 행동 중재 접근법(NDBIs: Naturalistic developmental behavioral interventions)
- 교육적 중재 접근법(Educational interventions approach)

설정 및 전달 방식에 따라

- 예) 1:1/그룹이나 교실, 학교/집, 자연주의적 환경/공동체

공급자에 따라

- 예) 발달전문가, 행동치료사, 교육자, 혹은 훈련된 부모

이때 꼭 기억해야 할 것은 치료를 선택하고 후속 교육과 치료를 결정하는 데 소아청소년과 전문의 등의 의료진과 함께 가족이 꼭 참여해야 한다는 것입니다.

자폐스펙트럼장애의 구체적인 치료 방법은 무엇일까요?

자폐스펙트럼장애의 핵심 증상 치료 1 : 포괄적 치료 모델에는 무엇이 있을까요?

응용행동 분석적 중재 접근 (ABA: Applied behavioral analysis intervention approach)

환경에 적응하는 인간 행동의 기본 원리를 이용하여 바람직한 행동을 향상시키거나 문제행동을 감소시키기 위해 사용되는 중재 전략으로, 선행조건에 의해 어떤 행동을 하고 어떤 결과가 일어나는지를 평가합니다. 어떤 특정 행동을 향상하기 위해 가설적인 행동원리를 적용해보고, 동시에 그러한 적용이 행동의 변화를 가져오는지, 변화가 있다면 어떤 부분 때문에 변화가 있었는지를 평가합니다. ABA의 기본 전략(강화, 모델링, 프롬프트, 기술 향상 등)이 여러 소규모 그룹 연구나 대규모 사례 연구에서 긍정적인 행동 변화를 초래하는 것으로 보고되고 있습니다.

이 중 가장 집중적이고 매뉴얼화된 프로그램이 '조기 집중 행동 개입(EIBI)'입니다. 취학 전 자페스펙트럼장애 어린이의 교육과 훈련에 가족 전체가 참여하는 초기의 집중적인 행동 중재 치료로, 환자의 집으로 전문가가 방문하여 일대일로 시행하며, 주 20~40시간씩 2년 이상 시행하는 것을 원칙으로 합니다. 놀이, 언어, 자조 능력, 사회적 기술, 집중력, 동기부여 등 전반적인 면을 다루며, 부모가 이 프로그램에 직접 참여해야 합니다. 이는 ABA의 원칙을 기반으로 하여 새로운 기술과 행동을 배우도록 돕는 데 사용되므로 가능한 일찍 시작하는 것이 좋습니다.

이 치료법은 작업을 배우기 쉬운 작은 단계로 나누어 학습, 기술 개발 및 행동 변화를 촉진합니다. 아이들은 각 단계를 배울 때마다 칭찬과 보상을 받으며, 도전적인 행동이 발생하면 무시됩니다. 이를 통해 모방하는 법을 가르치고, 그들의 주의를 더 집중하도록 하며, 언어에 대한 이해와 사용을 향상시키고, 놀이 기술과 일상생활 기술(양치질 등)을 발전시킵니다.

제공자에 따라 아이는 센터, 가정, 진료소, 학교 또는 기타 환경에서 치료받을 수 있습니다. 부모의 참여도가 치료의 성공 여부를 좌우할 만큼 중요하며, 초기 연구에서는 환자의 47%가 발달에 뚜렷한 진전을 보여 IQ가 30 정도 높아진다고 보고되었으나, 최근 자료에서는 집중 ABA 프로그램의 우월성을 입증할 수 있는 근거가 매우 제한적입니다.

체계적 검토와 메타분석 연구만을 대상으로 한 Project AIM(Autism Intervention Meta-analysis) 연구에서는 처음 연구를 시작했던 2020년부터 2023년 업데이트 연구까지 4년 동안 여러 무작위 대조시험 결과가 발표되었으나, 대부분이 집중적 행동 중재(Focused behavioral intervention, 예: 기능적 개입, 의사소통 훈련, 예방 교육 강화, 예측 육아 등)에 대한 무작위 대조연구였고, 조기 집중 행동 개입이나 포괄적인 행동접근 방식(CTM)에 대한 무작위 대조연구는 거의 없었다고 보고했습니다. 조기 집중 행동 개입에 대해 단 하나의 무작위 대조연구가 있었는데, 이 치료와 조기 시작 덴버 모델(ESDM)을 여러 강도로 비교한 연구로, 여러 모로 비교해보아도 어떤 종류의 중재나 강도로도 더 우수한 효과는 보이지 못했습니다.

따라서 현재의 많은 ABA 기반의 중재들이 '반복적이고 개별적인' 개별시도훈련(DTT: Discrete trial teaching)에서 보다 자연스럽고 아동 주도적이며, 발달에 적합한 전략과 과제로 전환되고 있는 추세입니다.

발달 관계 중심의 중재 접근 (Developmental relationship-focused interventions approach)

보호자의 반응 수준과 아이의 사회적 의사소통 발달의 관계에 주목한 발달이론(Developmental theory)에서 파생된 접근법으로, 아이들은 다른 사람과의 상호작용을 통하여 감정을 조절하고 의사소통하는 것을 배운다는 이론입니다. 이러한 발달모델은 아동주도 놀이를 통하여 성인의 반응성을 높이는 데 도움을 주면서 동시에 아이와 양육자 간의 관계에 집중합니다.

이 접근 방식으로 자폐스펙트럼장애의 핵심 증상인 공동 주시, 모방, 정서적 사회참여(Affective social engagement) 등을 호전시킬 수 있습니다. 현재까지 대단위 무작위 대조연구에서 발달에 기반한 치료 개입의 경우 아주 어린아이들과 부모 사이에 사회적 의사소통이 확실히 촉진되는 것으로 보고되고 있습니다. 그러므로 중요한 것은 아이와 부모 사이에 일치가 일어나 부모가 아이의 의사소통 의도를 알아차릴 수 있게 도와주는 것입니다. 이 과정은 자발적인 소통과 관심의 공유, 아이의 주도(Initiation) 및 자발적 놀이를 통해 가능해집니다.

발달 관계중심 중재 접근 중 가장 많이 연구된 프로그램은 JASPER (Joint attention symbolic play engagement regulation)와 PACT(Preschool autism communication trial)입니다. 이 외의 부모 개입 프로그램인 DIR/Floortime (Developmental, Individual Differences /Floortime)이나 Hanen more than Woods는 JASPER 나 PACT보다 근거가 약하며, 모든 연구에서 다 긍정적인 결과가 나오지는 않았습니다. 그럼에도 불구하고 중요한 원칙인 부모의 개입과 매일의 루틴을 배우는 데 자연주의적 기회 사용, 환경 전반에 걸친 기술의 일반화를 촉진시키는 것은 특히 아주 어린아이들의 경우 사회적 의사소통을 개선시키기 위한 전략으로 권장하고 있습니다.

자연주의적 발달 행동 중재 접근
(NDBIs: Naturalistic developmental behavioral interventions approach)

NDBIs는 자연적인 환경에서 자연적으로 발생하는 사회활동과 응용행동 분석의 요소와 발달이론을 모두 통합한 것으로, 아이들이 센터나 구조화된 치료실이 아닌 자연적인 환경에서 학습할 수 있도록 합니다.

가장 광범위하게 연구된 NDBIs는 조기 시작 덴버 모델(ESDM)로, 치료 시작 연령이 빠르고 총 치료 시간이 길수록 치료 결과가 좋습니다. ESDM은 12~ 48개월 연령의 자폐 어린이를 위한 종합적 초기 행동 중재 접근법입니다. 조기에 중재하여 주 15시간 이상의 개별 또는 그룹으로 지원하는 프로그램으로, 아이의 행동에 대한 체계적인 행동 분석 후 연령에 적합한 자연스러운 상황에서 촉진 활동을 제공합니다. ESDM은 특정 환경을 고집하지 않으며, 치료실의 치료사나 가정의 부모가 수행할 수 있습니다.

이 치료법의 목적은 자폐 어린이의 사회성 발달을 촉진하고, 자폐로 인한 도전적 행동을 감소시키는 것입니다. ESDM은 언어적, 비언어적 의사소통, 따라 하기, 주의집중, 번갈아 가며 차례 지키기 등을 통해 사회성 학습을 증진시킵니다. 미국 국립보건원(NIH)에서 지원한 임상 실험 결과에 따르면, ESDM은 최소 1년 이상 치료받았을 때 IQ 증대, 언어 능력 및 사회적 능력 증대, 응용행동 향상 등의 효과가 있는 것으로 나타났습니다.

비록 ESDM보다 근거가 약하지만 이 모델을 기반으로 한 다른 개입은 '강화된 환경 교육(EMT: Enhanced milieu teaching), 부수적 교육(IT: Incidental teaching), 중심축 반응 훈련(PRT: Pivotal response training), 상호 모방 훈련(RIT: Reciprocal imitation training), 사회적 의사소통 정서 조절 교류 지원(SCERTs: Social communication, emotional regulation, transactional support)' 등이 있습니다.

NDBIs는 자폐스펙트럼장애에서 현재 가장 많이 연구되는 개입 접근법으로, 언어, 놀이, 적응 행동, 사회적 의사소통, 및 자폐스펙트럼장애의 진단 기준 측정에 효과적으로 나타났습니다. 그러나 이전 메타분석과 달리, 최근의 탐색 편향(Detection bias)이 낮은 무작위 대조연구에서는 NDBIs가 자폐스펙트럼장애의 진단 기준 측정 차원에서만 통계적으로 유의미한 긍정적 효과를 나타냈다고 합니다. 이는 모든 편향 위험을 고려할 때에도 추정할 수 있는 유일한 개입 효과였습니다.

또한 NDBIs는 핵심 진단 기준 중 반복적인 행동이나 제한적 관심, 또는 활동 패턴에는 영향을 미치지 못하는 것으로 보고되고 있어, 사회적 의사소통을 호전시킴으로써 자폐스펙트럼장애의 진단 기준 측정에만 긍정적이고 통계적으로 유의미한 결과가 나왔을 가능성이 높습니다. 결론적으로 NDBIs는 자폐스펙트럼장애와 관련된 핵심 기능 중 특히 사회적 의사소통 증상에 긍정적인 영향을 미치는 상대적으로 강력한 증거가 있다고 사료됩니다.

행동 분석과 발달적 접근이 결합된 접근법

(Combined developmental & behavioral approach)

발달적 접근법을 기본으로 하며, 응용행동 분석의 원리는 기술 획득을 강화하는 데 사용됩니다. 아이를 위한 개별화된 치료 목표 및 개별화된 진행상황 측정 수단을 설정해야 합니다. 아이 주도의 교육, 모방 및 모델링을 사용하면서 아이의 독립성을 장려하기 위하여 시간이 지남에 따라 어른의 격려는 차츰 줄여가는 방식을 사용합니다.

부모 관리 치료

(Parent management treatment)

자폐스펙트럼장애 어린이가 치료하러 다니다 보면 시간적으로나 금전적으로 대부분 가족이 감당할 수 있는 수준을 훨씬 뛰어넘게 됩니다. 이럴 때 가족에게 훨씬 저렴한 비용으로 증거 기반의 행동관리에 대한 조언을 제공해주는 것은 매우 중요합니다.

부모 관리 치료는 크게 2가지로 나누어 '부모를 지원하는 중재(Parent support intervention)'와 '부모가 참여하는 중재(Parent mediated interventions)'가 있습니다. 이 중 NDBIs 같이 부모가 참여하는 부모 중재 치료가 더 효과적인 것으로 알려져 있으며, 따라서 치료에 부모를 참여시키는 것이 매우 중요합니다.

프로그램은 일반적으로 그룹 기반(가끔 개인 세션 및 홈 세션 포함)이며, 대개 몇 주 동안 진행됩니다. 대체로 부모의 능력과 웰빙이 증가되고 아이의 적응 행동이 향상되는 것으로 보고되고 있습니다. '스텝핑 스톤 트리플 P(Stepping Stones Triple P)'가 가장 전형적인 그룹 기반 부모 개입 프로그램이며, 보다 긍정적인 양육 기술을 개발하기 위해 고안된 것입니다.

교육적 중재 접근

(Educational intervention approach)

• 교실기반 모델(Classroom-based models: LEAP & TEACCH)

▪ 취학 전 어린이와 부모를 위한 학습 경험 및 대안 프로그램 (LEAP: Learning experiences and alternative programs for preschoolers and their parents)

LEAP은 취학 전 어린이가 갖추어야 할 일반적인 교육과 특수 교육에 응용행동 분석의 원리를 혼합한 것입니다. LEAP 모델은 자폐스펙트럼장애 취학 전 어린이들이 정상적으로 발달하는 또래들과 함께 유치원 교실에서 1일차부터 포함되는 프로그램으로, 아이와 부모를 위한 학습 경험 및 대체 프로그램입니다.

▪ 자폐 및 의사소통 장애 어린이 관련 치료 및 교육 프로그램
(TEACCH: Treatment and education of autistic and related communication handicapped children)

학령기 자폐스펙트럼장애 어린이를 대상으로 개별적인 발달과정과 학습이론에 초점을 맞춘 행동 치료로서, 물리적 조직화, 스케줄 제시, 작업체계, 과제 조직화를 주요소로 구성하여 훈련된 교사와 부모들에 의해 운영되는 교육 프로그램입니다. 구조, 선행 요소의 조정, 일관성을 강조하며 구조화된 교육 환경에서 아이의 기능과 기술을 발달시키는 데 초점을 둡니다.

기술 습득에 대한 TEACCH 접근 방식에는 다음이 포함됩니다. 평가 기반 커리큘럼 개발 및 예측 가능한 활동 조직, 시각적 일정 사용, 학습을 최적화하고, 좌절감을 피하기 위한 물리적 환경 조직(예: 산만함 및/또는 감각조절장애를 최소화함으로써)을 포함한 구조에 대한 강조를 하며, 어른들의 지시나 프롬프트로부터의 독립성을 촉진하기 위해 자료와 과제를 조정하고 조직합니다.

▪ 비교 결과

LEAP 및 TEACCH 교실의 효과를 표준 특수 교육 수업의 효과와 비교한 결과, 모든 학생에게서 개선효과가 나타났습니다. 특히 TEACCH는 인지 지연이 더 심한 학생들의 자폐스펙트럼장애 심각도가 좀 더 많이 개선되는 것으로 보고되었습니다.

• **최소한의 제한적인 환경에서의 교육**(Education in the least restrictive environment)

평균 지능을 가진 대부분의 청소년과 마찬가지로 대부분의 자폐스펙트럼장애 아이에게도 교육적 개입이 필요합니다. 개별 학생의 필요 사항에 대한 관심은 IEP 과정의 핵심이 되어야 합니다. 자폐스펙트럼장애가 있는 학생의 사회적 능력은 전형적인 발달단계의 또래들과 교실이나 운동장에 함께 있는 통합교육으로 향상될 수 있습니다. 그러나 통합교육 환경에서 전체 시간의 75% 이상을 보내는 것만으로는 충분하지 않다고 합니다.

자폐스펙트럼장애의 핵심 증상 치료 II : 집중적 중재 치료에는 무엇이 있을까요?*

부모 구현 중재(PII: Parent-implemented intervention)

아이의 부모는 자신의 아이가 다양한 기술을 개선하고 습득하거나 문제행동을 줄일 수 있도록 개별적인 중재를 제공합니다. 부모들은 체계화된 부모 훈련 프로그램을 통해 집이나 지역사회에서 이러한 중재를 실행할 수 있도록 배우게 됩니다(근거 수준: 중).

또래 활용 중재(PMII: Peer-mediated instruction and intervention)

일상적인 환경에서 배움의 기회를 증가시켜 자폐를 가진 아이들이 새로운 행동, 의사소통 및 사회적 기술을 습득할 수 있도록 합니다. 즉, 일반적으로 자라는 정상 또래 친구들과 소통할 수 있도록 합니다. 선생님 혹은 서비스 제공자는 교사 주도 및 학습자 주도 활동을 통해 긍정적이고 확장된 사회적 상호작용 속에서 자폐를 가진 아이들이 또래 친구들과 소통할 수 있는 방법을 체계적으로 가르쳐줍니다(근거 수준: 중).

중심축 반응 훈련(PRT: Pivotal Response Training)

중심축 학습 요인(예: 동기부여, 여러 신호에 대한 반응, 자기관리 및 자기주도권)은 학습자의 관심 및 주도권을 기반으로 하는 환경에서 시행되는 중재 방법을 말합니다. 환경을 조성하여 자연스럽게 배울 수 있는 기회를 찾는 접근법으로 관심 있는 것을 부르거나, 도움을 얻어 가까이 가지고 오는 등의 기술을 가르칩니다. 동기를 갖게 하고 적극적인 반응을 하게 하는 것이 목표입니다. 최근에는 중심축 반응 훈련이 포괄적 중재 모델인 NDBIs에 포함되어 사용되고 있습니다(근거 수준: 중).

자기관리(SM: Self-management)

학습자들이 적절하고 부적절한 행동을 구별하고 자신의 행동을 정확하게 관찰하고 기록하며 적절하게 행동했을 시에는 자신에게 보상을 줄 수 있도록 가르치는 것에 초점을 둡니다(근거 수준: 중).

사회 기술 훈련(Social skills training)

자폐장애를 가진 학습자들이 또래 친구, 어른 및 다른 사람들과 적절하게 소통하는 방법을 가르치도록 디자인된 그룹 혹은 개별 훈련입니다. 대부분의 사회적 모임은 또래와의 긍정적인 상호작용을 촉진하기 위해 자폐스펙트럼장애를 가진 학습자들이 의사소통, 놀이 및 사회적 기술을 습득하고 연습할 수 있도록 기본 개념, 역할극 혹은 연습 및 피드백에 대한 설명을 포함합니다(근거 수준: 중).

과학 기술을 이용한 중재(TAII: Technology-aided instruction and intervention)

학습자가 목표를 이룰 수 있도록 도와주는 데 과학적 기술이 중심 요소가 되는 지시 혹은 중재를 제공합니다. 과학 기술은 '자폐장애를 가진 소아와 청소년들의 역량을 증가/유지, 일상생활, 일/생산력 및 오락/여가를 향상시키기 위해 의도적으로 사용되는 어떠한 전자 물건/장비/프로그램' 혹은 '가상 통신망'으로 정의됩니다(근거 수준: 중).

특히 아이의 기능이 떨어지는 경우에는 대안적이거나 보완적인 의사소통 도구인 기호, 상징 또는 그림을 사용하여 의사소통할 수 있습니다[예: 그림 교환 의사소통 접근 방식(Picture exchange communication system approach, PECS approach)으로 시각적 단서를 사용하는 TEACCH 와 Social Stories가 있음].

비디오 모델링(VM: Video modeling)

바람직한 행동 혹은 기술을 배우는 것을 돕기 위해 비디오 녹화 및 전시 장비를 사용하여 표적행동 혹은 기술(특히, 행동, 의사소통, 놀이 혹은 사회적 분야에서)의 시각적 모델을 제공하는 것입니다(근거 수준: 중).

감각통합 치료(Sensory integration therapy)

걷기, 학습하기 등 커다란 과제를 직접적으로 수행하는 것이 아니라 그에 필요한 여러 감각들을 느끼고 통합해 나갈 수 있도록 해주는 치료입니다. 감각 투입, 특히 전정 시스템이나 근육, 관절, 피부에서 오는 감각 투입을 통합하여 적응 반응을 자발적으로 할 수 있는 방식으로 감각 투입을 제공하고 조절합니다. 감각통합 치료는 아이의 자기조절 능력을 지원하기 위하여 촉각, 전정 감각 및 고유감각에 초점을 맞춘 것입니다. 아이가 자신에게 필요한 감각 투입을 받아들이고, 이것을 조작하여 적응 반응을 하면서 부정적 정서를 해소하도록 하는 것으로, 아이가 전에 사용해보지 않은 방식으로 감각 과정을 사용하도록 치료 환경을 재미있게 마련합니다. 그러나 사실상 이러한 감각통합 치료의 이론적인 근거와 사례 연구는 빈약한 상태이기 때문에 치료 방법으로 활용하는 데 있어

주의를 요합니다(근거 수준: 하).

자폐스펙트럼장애의 특별한 행동(Challenging behavior)에 대한 치료는 무엇이 있을까요?

많은 자폐스펙트럼장애 아이들은 함께 생활하거나 함께 일하는 사람들에게 견디기 어려운 행동 패턴을 보여줍니다. 이러한 행동은 부정적인 영향을 미치게 되어 교육 기회의 제한을 포함한 직업 및 사회 참여 제한, 삶의 질 저하, 개인의 발전을 제한하고, 때로는 타인에게 해를 끼치거나 자해를 하는 경우도 있습니다. 양육자 역시 높은 수준의 스트레스를 느끼고 그 결과 정신건강에 나쁜 영향을 받게 됩니다.

영국 국립보건의료우수연구소(NICE) 지침서에 따르면, 공존하는 정신적 혹은 신체적 장애가 근본 원인으로 확인되지 않는 한 중재의 첫 번째는 심리사회적 접근이어야 한다고 되어 있습니다. 즉 문제행동을 시작하거나 유지하는 데 기여하는 환경 요인이 무엇인지 평가하고 수정하는 것이 필요하며, 개인의 발달 수준을 고려하여 명확하게 정의된 중재 전략을 개발하고, 지정된 기간 내에 합의된 결과가 충족되도록 하기 위한 체계적인 평가와 함께, 중재를 실행하는 방법에 대하여 환자 개인과 부모 및 전문가 사이의 합의가 이루어져야 한다는 것입니다

'특별한 행동'은 자폐스펙트럼장애가 있는 개인에게 매우 부정적이고 징벌적인 결과를 가져올 수 있기 때문에 최근 연구에서는 긍정적 행동 지원(PBS: Positive behavior support)을 기반으로 한 개입 원칙에 주목하고 있습니다. 응용행동 분석을 기반으로 하는 PBS는 강제하던 것을 환경 수정으로 대체함으로써 긍정적이고 지속가능한 의미 있는 변화에 초점을 맞춰 행동의 변화를 촉진시킬 수 있으며, 좀더 새롭고 효과적인 기술을 가르치는 데 중점을 두고 있습니다.

PBS에서도 특별한 행동을 일으키는 원인에 대한 기능적 평가의 필요성을 강조합니다. 특별한 행동을 촉발하거나 유지하게 하는 요인을 수정하고, 문제행동을 대체할 수 있는 사회적 의사소통 기술을 개발하는 것이 필요합니다. 비록 PBS에 대한 무작위 대조연구는 거의 없지만, 소규모 그룹 연구나 수많은 단일 사례 연구에서 심각한 문제를 줄이기 위한 이러한 일반적인 접근 방식은 자폐스펙트럼장애 아이의 매우 심각한 특별한 행동을 줄이고, 자폐 아이와 그들을 돌보는 양육자의 삶을 개선하는 것으로 보고되고 있습니다.

자폐스펙트럼장애의 정서 치료는 무엇이 있을까요?

미술 치료, 예술 치료, 모래놀이 치료, 무용동작 치료, 동물보조요법(승마 등) 등의 다양한 기법이 사용되고 있으나, 치료적인 근거는 사례 연구 등 소규모 연구 정도에 그치는 수준으로, 아직 증거가 충분하지 못한 실정입니다(근거 수준: 하).

자폐스펙트럼장애의 약물 치료는 무엇이 있을까요?

Methylphenidate

중추신경 자극제 계열의 주의력결핍-과잉행동장애(ADHD) 치료 약제입니다(근거 수준: 상).

Risperidone

자폐스펙트럼장애 관련 FDA의 공식 승인을 받은 약물로, 파괴적 행동(공격성, 충동성 및 자해적 행동)이 두드러지는 정신지체 또는 평균 이하의 지적 능력을 갖는 소아의 행동장애와 기타 파탄적 행동장애의 치료 약제입니다(근거 수준: 상).

Aripiprazole

자폐스펙트럼장애 어린이의 공격성, 자해행동, 심한 짜증 등의 형태로 나타날 수 있는 이자극성의 치료에 FDA의 공식 승인을 받은 약물입니다(근거 수준: 상).

Olanzapine

전반적인 기능이 향상되는 것으로 보고되고 있습니다. 부작용으로 체중 증가가 있습니다(근거 수준: 중).

다른 비정형 항정신병 약물

Quetiapine, Ziprasidone, Paliperidone 등은 이중맹검위약대조 연구는 없으며, 소규모 연구, Open trial 수준으로 진행된 바 있습니다(근거 수준: 하).

기타

그밖에 ADHD 치료제로 Atomoxetine, a2-agonist, 양극성장애 치료로 Risperidone, 혹은 Olanzapine이 사용되며, 항우울제, 강박장애 치료제로 Fluoxetine이 사용되기도 하지만, 아직까지 치료적인 근거는 마련되어 있지 않습니다(근거 수준: 하).

이외에 Glutamatergic agents(근거 수준: 하), Oxytocin(근거 수준: 하)이 사용되기도 합니다.

자폐스펙트럼장애의 공존 질환 치료는 무엇이 있을까요?

해결되지 않는 공존 질환이 있는 경우 자폐스펙트럼장애 핵심 증상의 치료가 저해될 수 있고 환자의 삶의 질 또한 더 좋지 않게 되므로, 공존 질환을 면밀히 살펴보고 정확히 진단하여 치료 계획을 세우는 것이 중요합니다. 흔히 동반되면서 임상적으로 주의가 필요한 정서-행동면의 공존 질환은 다음과 같습니다. 제7장에서 자세히 설명드릴 내용이라 여기서는 제목만 간략하게 소개합니다.

주의력결핍-과잉행동장애 치료

중추신경 자극제 계열의 주의력결핍-과잉행동장애 치료 약제인 Methylphenidate가 효과적이며, 비중추신경 자극제 계열의 치료 약제 Atomoxetine이 사용되기도 합니다.

불안장애 및 분노조절 문제

인지행동 치료가 자폐스펙트럼장애 어린이·청소년의 불안 및 분노 조절에 효과적이라고 보고되고 있습니다.

행동 문제와 자극 과민성

약물 치료의 중요한 목표 증상 가운데 하나로 Risperidone이 효과적이며, 여러 가지 행동 치료 기법들이 사용됩니다.

자폐스펙트럼장애에서 부모 교육은 어떤 의미가 있을까요?

자폐스펙트럼장애 아이의 치료 계획에는 지속적인 부모 교육을 반드시 포함해야 합니다. 부모는 아이가 새로운 기술을 습득하는 것을 돕고 그것을 집과 학교, 지역사회에서 활용하는 데 결정적인 역할을 하기 때문에 치료에 적극적으로 참여할 수 있도록 도와주어야 합니다. 부모를 대상으로 한 행동 치료 기반의 훈련이 자폐스펙트럼장애 아이에게 의미 있는 도움이 되는 것으로 보고되고 있습니다. 뿐만 아니라 가족이 정서적인 건강을 지속 가능하게 유지하고, 탈진하지 않도록 지원하는 것도 매우 중요합니다.

자폐스펙트럼장애에서 이외의 다른 치료(Other therapies)는 무엇이 있을까요?

언어 치료

- 적용 연령: 연령 제한 없습니다.
- 시행 대상 및 방법: 언어 발달 지연이나 언어장애가 있는 경우 재활의학과 의사의 처방하에 언어 치료사가 언어장애의 원인이나 증상에 따라 호흡, 발성, 조음, 공명, 운율, 언어 발달 및 언어 기술을 촉진하는 치료를 시행합니다.
- 시행 추천 대상: 발달성 언어장애, 조음장애, 유창성장애, 읽기장애 및 청각장애, 지적장애, 자폐장애, 뇌성마비, 뇌전증 등의 다른 질환과 동반된 언어장애가 있는 어린이
- 임상적 유용성: 뇌성마비 아이에게서 의사소통 기술 증진에 긍정적 효과가 있습니다. 원발성 언어장애나 언어 발달 지연 아이의 언어 기능에 긍정적 효과가 있습니다. 그러나 자폐스펙트럼장애에서는 언어 치료의 여러 전략을 광범위하게 사용해도 효과가 있다는 강력한 증거는 없습니다. 그러므로 자폐장애에서의 언어 치료의 주요 목표는 단지 발화에 집

중하기보다는 각 개인에게 가장 적합한 수단을 통해 이해와 의사소통 기능을 향상시키는 것입니다.

놀이 치료

- 적용 연령: 연령 제한 없습니다.
- 시행 대상 및 방법: 행동 수정 및 사회적 기술 습득이 필요한 아이를 대상으로 다양한 놀이 기법을 이용하여 치료를 시행합니다.
- 시행 추천 대상: 뇌성마비, 발달 지연 어린이에서 사회적 기술(Social skill) 등의 증진이 필요한 아이
- 임상적 유용성: 놀이는 감각통합, 신체 활동, 인지 기능, 언어 기능, 사회적 기능을 발달시키기 위해 치료적으로 사용할 수 있으며, 행동 및 사회적 기술 증진에 도움을 줄 수 있고, 자기조절 개선으로 인한 실행 기능이 향상될 수 있습니다.

감각통합 치료

- 적용 연령: 0세부터 가능, 연령 제한 없습니다.
- 시행 대상: 전정감각, 고유수용성 감각, 촉각 정보의 효율적 처리에 문제가 있는 아이
- 시행방법: 재활의학과 의사의 처방하에 작업치료사가 신체 및 기구를 이

용하여 다양한 자극을 제공함으로써 아이의 감각통합을 향상시키기 위한 치료를 시행합니다.

- 시행 추천 대상: 주의력결핍-과잉행동장애, 발달성협응장애, 소아기불안장애 등 감각 정보를 처리하는 과정에 문제가 있는 아이
- 임상적 유용성: 경직성 뇌성마비, 자폐스펙트럼장애, 감각통합장애 어린이에게 긍정적 효과가 있습니다. 특히, 자폐스펙트럼장애군에서는 최근 체계적 문헌고찰에서 효과 없음으로 보고되고 있습니다(근거 수준: 없음).

컴퓨터 인지재활 치료

- 적용 연령: 자료 부족, 보통 7세 이상에서 적용(지시 따르기, 컴퓨터 마우스 사용 가능)
- 시행 대상 및 방법: 인지 기능 저하, 학습장애, 주의력 결핍-과잉행동장애가 있는 아이를 대상으로 재활의학과 의사의 처방하에 작업치료사가 특정 컴퓨터 인지재활 치료 프로그램을 이용하여 아이의 수준을 평가한 후 인지 기능 증진을 위한 치료를 시행합니다.
- 시행 추천 대상: 뇌성마비, 발달 지연 어린이 중 인지 기능 저하, 학습장애, 주의력결핍-과잉행동장애가 있는 어린이(ADHD). 단, 시각·청각의 심각한 손상, 뇌성마비 GMFCS level 5와 같이 심각한 신체 기능 장애 경우는 제외.
- 임상적 유용성: 효과가 입증된 연구가 없는 실정이며 학습장애나

ADHD 아동의 작업 기억(Working memory) 훈련으로 사용합니다.

청각 통합 훈련 치료

(Berard: Auditory integration training)

- 적용 연령: 0세부터 가능, 연령 제한 없습니다.
- 시행 대상 및 방법: 특정 주파수의 소리에 비정상적으로 예민하거나 둔감한 반응을 보이면서 행동이나 학습에 문제가 있는 아이를 대상으로, 헤드폰을 통해 전자적으로 변형된 소리를 제공하면서 주파수와 강도를 조절함으로써 청각 처리과정을 재교육시킵니다.
- 시행 추천 대상: 레트 증후군이 있는 어린이
- 임상적 유용성: 자폐스펙트럼장애, 레트 증후군 환자에게 치료를 한 연구가 있으나 그 효과를 입증하기엔 현저히 부족합니다. 미국 식약청에서는 의학적 근거가 없음을 밝힌 바 있고, 미국 American speech-hearing association은 장치가 안전성 기준을 충족하지 못한다고 결론 내렸습니다(근거 수준 없음).

음악 치료

- 적용 연령: 연령 제한 없습니다.
- 시행 대상 및 방법: 뇌성마비, 발달 지연 어린이 등을 대상으로 음악활동

을 이용하여 치료를 시행합니다.

- 시행 추천 대상: 뇌성마비, 발달 지연 어린이
- 임상적 유용성: 동기부여, 자존감 증진, 불안 감소, 자기 표현, 즐거움 등 심리사회적 기능과 집중력, 언어적 기억력 증진 등 인지 기능 향상에 도움이 되며, 적절한 호흡 조절 훈련, 실어증에서 Melodic intonation training, 자폐스펙트럼장애 어린이의 상호작용 증진, 의사소통 기술 증진 등 언어와 의사소통 측면에 도움이 되나 아직 임상적 유용성과 관련한 근거는 불충분합니다. 자폐스펙트럼장애군을 대상으로 음악 치료 중 Improvisational music therapy의 기법을 적용한 무작위 대조연구에서 합동주시, 비언어적 사회적 의사소통의 향상이 보고된 바 있습니다 (근거 수준: 하).

미술 치료

- 적용 연령: 연령 제한 없습니다.
- 시행 대상 및 방법: 발달장애, 시지각장애, 신체장애, 정서장애 등 어려움이 있는 아이를 대상으로 미술활동을 이용하여 치료를 시행합니다.
- 시행 추천 대상: 발달장애, 시지각장애, 신체장애, 정서장애, 학습장애 등 어려움이 있는 어린이
- 임상적 유용성: 불충분하나, 시각 이미지 만들기로 학습 과정에 도움을 주며, 말로 표현할 수 없던 감정 표출 및 의사소통에 도움이 된다고 알려

져 있으나. 임상적 유용성과 관련하여 자료가 불충분합니다. 특히 자폐 스펙트럼장애에서의 임상적 효과는 없습니다(근거 수준 없음).

승마 치료

- 적용 연령: 4세 이후
- 시행 대상 및 방법: 뇌성마비, 운동발달 지연, 자세나 움직임 장애가 있는 어린이를 대상으로 재활의학과 의사의 처방하에 실시하며, 말의 움직임을 통해 균형 및 대근육 기능 향상 등 재활을 돕는 치료를 시행합니다.
- 시행 추천 대상: 뇌성마비, 선천성 및 후천성 뇌병변, 대운동 발달 지연 어린이
- 임상적 유용성: 뇌성마비 아동의 몸통, 고관절 내전근의 대칭적 활성화 증진, 자세 조절 향상, 보행할 수 있는 뇌성마비 아동에게서 대운동 기능 향상 등이 있습니다. 현재 승마 치료에 대한 임상적 효과는 아직 부족한 상태이며, 이후 장기간 효과에 대한 대규모 연구가 필요합니다.

고압산소 치료(Hyperbaric O2 therapy)

- 적용 연령: 연령 제한 없습니다.
- 시행 대상 및 방법: 뇌손상, 뇌성마비 어린이를 대상으로 고압(1.5~1.75ATM) 산소를 공급하는 통 안에서 100% 산소를 마시게 하는 방법으로 시행합

니다(아직 정형화된 치료 방법은 없습니다).

- 시행 추천 대상: 정해져 있지 않습니다.
- 임상적 유용성: 종래의 재활 치료에 추가적으로 시행하는 보완 통합의학적 치료에 해당합니다. 8주간(40회기)의 치료 효과는 입증되지 않았습니다. 대조군 연구에서 대조군과 비교해 유의하지 않은 결과가 관찰되었습니다. 2014년 발표된 하나의 연구에서 대조군에 비해 대운동 기능에서 유의한 임상적 효과가 있다고 보고되었으나 고압산소요법이 뇌성마비 아동에게 효과가 있다는 증거로는 근거가 불충분하므로 효과 및 안전성에 대한 연구가 필요하며, 현 단계에서는 추천하지 않습니다. 특히 자폐스펙트럼장애군에서 고압산소 호흡을 하는 것은 경련을 유발하는 등의 위험이 있어 2014년에 FDA로부터 경고 조치 받은 바 있습니다.

이상 위에서 언급한 모든 치료와 더불어, 보호자의 자폐스펙트럼장애에 대한 이해를 돕고, 정서적인 소진을 덜어주는 보호자에 대한 교육과 정서적 지원이 필요합니다. 핵심 증상과 함께 동반되는 정서, 행동 문제와 관련하여 놀이 치료, 미술 치료 등의 심리 치료와 약물 치료가 필요할 수 있습니다.

그러나 심리 치료와 약물 치료는 이차적 증상에 대한 대안적인 치료 기법이라 할 수 있으며, 자폐스펙트럼장애의 핵심 치료는 의사소통 능력 및 사회적 기술 향상, 행동 문제 감소, 자조 기술 학습 등 교육적 접근임을 잊지 말아야 합니다. 또한 발달장애의 치료 기법과 관련하여 모든 치료 기법이 의학적인 근거를 갖고 있는 것은 아니기 때문에, 자폐스펙트럼장애 환자를 둔 가족은 소아청소년과 전문의와 충분히 논의한 후 적절하고 신뢰할 수 있는 치료 기법을 선택하는 것이 매우 중요합니다.

자폐스펙트럼장애에서 치료실을 결정할 때 무엇을 고려해야 할까요?

치료실의 위치

자폐스펙트럼장애의 치료는 장기적인 시간(최소한 1~2년 이상)을 필요로하기 때문에 가급적이면 집에서 가까운 곳이 좋습니다. 차를 타고 다니지 않을 정도로 가까우면 더욱 좋겠습니다. 아이를 데리고 치료실을 다녀야 하는 보호자나 환자 자신도 장기전에 지치지 않고 치료에 전념할 수 있도록 배려하는 것이 좋습니다.

치료실의 시설 및 치료사의 스펙(자격)

치료사의 자격증을 확인하여 적절한 자격(국가 공인 자격증)을 갖추었는지를 확인하는 것이 치료실의 시설이 어떠한 지보다 더 중요합니다. 자격증 외에도 치료사가 얼마나 경험이 있는지, 얼마나 준비되어 있는지, 아이와 얼마나 소통을 잘 하는지 여부도 매우 중요하며 결국 치료실이 아이가 가고 싶어 하는 곳이 되어야 치료 효과가 극대화되기 때문입니다.

공인된 심리치료사 자격증

• 상담 관련학회

한국임상심리학회 : 임상심리사 (전문가, 1급, 2급)

한국상담심리학회 : 상담심리사 (전문가, 1급, 2급)

한국상담학회 : 전문상담사 (전문가, 1급, 2급)

한국심리학회 산하 한국발달심리학회: 발달심리사(수련감독자 및 자격시험추천자, 1, 2급)

• 놀이치료 관련학회

한국놀이치료학회 : 놀이심리상담사 (전문가, 1급, 2급)

한국영유아아동정신건강학회 : 놀이상담심리사 (전문가, 1급, 2급)

• 정부기관

보건복지부 : 정신건강임상심리사 (1급, 2급)

여성가족부 : 청소년 상담사 (1급, 2급, 3급)

교육부: 전문상담교사 (1급, 2급)

공인된 언어치료사 자격증

• 자격 요건

① 언어재활사란 응시자격을 갖춘 자가 국시원에서 시행하는 언어재활사 시험에 합격하여 그 자격을 취득한 자를 말합니다(자격 번호와 보건복지부 장관의 직인이 있어야 함).

② 언어재활사란 생애 중 발생할 수 있는 의사소통문제, 즉 언어와 말에 어려움이 있는 대상자들의 중재 및 재활을 담당하는 전문가를 말합니다.

③ 언어재활사 자격은 1급과 2급, 2개의 등급으로 나누어져 있습니다.

• 어떤 언어재활사가 좋을까요?

어머니들의 의견을 종합해 보면,

① 다정하고 무엇보다 아이와 합이 잘 맞는 것이 중요합니다.

② 어머니들은 수업 후, 상담을 할 때 아이가 무엇을 학습했고, 무엇을 중점적으로 집에서도 학습을 하면 좋을 것 같다 등의 피드백을 정확히 주면 좋겠다고 말합니다.

③ 아이의 능력에 맞게 수업을 진행하고, 발전 속도에 따라 조정할 수 있어야 합니다.

최근, 인터넷 교육 판매를 위한 각종 유사 협회 난립으로, 치료사의 이력을 잘 살펴보시기 바랍니다.

치료를 위한 계획 여부: 장 단기 계획서

치료사가 실제 치료 시간을 준수하며, 치료 끝부분에 짧게라도 보호자와의 상담 시간을 갖고 그날 공부한 것에 대하여 보호자와 소통한 후 집에서 해 올 숙제도 내어 준다면 바람직합니다. 더불어 장기(6개월 후, 1년 후의 계획), 단기(매주 계획을 포함한 1달 계획) 계획서를 갖고 있는 지 여부도 매우 중요한데, 이러한 계획서가 있을 때 비로소 보호자도 아이가 6개월 후에, 혹은 1년 후에 어떻게 될 거라는 기대를 갖고 더욱 열심히 치료에 응할 수 있게 되기 때문입니다.

피해야 할 치료실

"얼마 만에 말 트이게 해 주겠다", "자폐스펙트럼장애 완전히 낫게 해 주겠다"는 식으로 황당한 거래를 하려는 곳은 피하는 것이 좋습니다.

제7장

공존 질환의 종류와 치료에는 무엇이 있을까요?

요약

자폐스펙트럼장애 아이는 성장하면서 다양한 공존 질환을 함께 겪게 됩니다. 경련 및 발작, 복통, 변비, 설사, 식이문제 및 섭식장애와 같은 소화기계 질환, 비만, 이식증, 잇몸 질환, 수면장애, 운동장애 등이 흔하게 나타날 수 있습니다. 또한 실종, 주의력결핍-과잉행동장애, 행동장애, 불안장애, 기분장애 및 강박장애, 공격성 행동장애도 흔하게 겪게 됩니다. 공존 질환은 한 번에 하나만 나타나는 것은 아니고, 여러 질환이 동시에 나타나며 증상을 더욱 악화시키기도 합니다.

따라서 공존 질환은 자폐스펙트럼장애가 있는 아이에게서 꼭 확인해야 하는 중요한 부분이며, 환자와 가족의 삶의 질에 큰 영향을 미칩니다. 공존 질환을 치료하기 위해서는 소아청소년과 전문의뿐 아니라 자격을 갖춘 관련 전문가의 도움과 중재가 필요합니다.

자폐스펙트럼장애 아이들은 증상을 개선하기 위해 여러 약물 및 행동 중재뿐 아니라 몇 가지 통합대체 치료를 받기도 합니다. 이러한 대체 치료는 효과가 좋은 것도 있습니다만, 아직까진 그 효과가 입증되지 않거나 혹은 안전하지 않은 경우도 있습니다. 모든 중재 치료와 마찬가지로 새로운 치료법을 시도해볼 때 소아청소년과 전문의와 가족이 긴밀히 협력하는 것이 중요합니다.

자폐스펙트럼장애 아이에게 흔하게 나타나는 공존 질환에는 발작, 수면장애, 소화기장애, 섭식장애, 비만, 긴장증(Catatonia) 등이 있습니다. 이러한 공존 질환은 자폐스펙트럼장애 아이의 건강과 그 가족의 삶에 자폐 증상 이상으로 매우 큰 영향을 미칩니다.

이 장에서는 자폐스펙트럼장애 아이에게 흔히 나타나는 공존 질환에 대해 확인하고, 치료의 큰 방향과 관리에 대해 알아보겠습니다.

소아청소년과적인 문제에는 무엇이 있나요?

경련 및 발작 동반

뇌전증을 앓고 있는 어린이에게 자폐스펙트럼장애 발생 가능성이 증가하고, 자폐 어린이 역시 경련의 위험이 증가합니다. 뇌전증을 앓고 있는 아이 중 자폐스펙트럼장애를 앓는 아이는 약 6%이고, 지적장애가 있는 아이는 뇌전증 유병률이 일반 아이의 거의 5배에 달합니다. 자폐성 장애인 중 경련 비율은 7~23% 사이로 보고되지만, 일부 보고에서는 약 46%까지 나타납니다. 지적장애가 없는 자폐성 장애인의 경우 발작 위험이 증가하지는 않는 것으로 보입니다.

자폐스펙트럼장애 아이에게 발작 가능성을 높이는 위험 요인으로는 '지적장애, 여아, 이른둥이' 등을 꼽을 수 있으며, 결절성 경화증과 같은 일부 유전적 질환에서도 발작 위험이 높아집니다. 대부분의 첫 발작은 유아기와 청소년기에 발생하지만 20% 정도에서는 성인이 되어 새로 발생하기도 합니다.

자폐스펙트럼장애와 발작이 모두 있는 아이는 인지 능력과 관계없이 행동장애가 빈번하게 나타납니다. 그렇다고 경련 증상이 없는 자폐스펙트럼장애 어린이에게 일괄적으로 뇌파 검사를 권고하지는 않고, 발작이나 흔치 않은 퇴행이 의심되는 경우 밤새 진행하는 뇌파 검사를 고려합니다.

항경련제의 치료 반응은 다양하게 나타나며, 경련이 어린 나이에 시작되거나 전반적(Global) 발달 지연이 있는 경우 약물 치료에 잘 반응하지 않는 편입니다. 그럼에도 불구하고 경련이 반복적으로 발생하면, 이 자체가 뇌의 발달에 악영향을 미쳐 문제행동이 지속되고 악화될 우려가 있기 때문에 항경련제를 반드시 투여하도록 권고합니다.

잦은 소화기계 증상 발생

복통, 변비, 설사, 위식도 역류, 수유 문제와 같은 위장관 증상은 일반 아이에 비해 발달 지연이나 자폐스펙트럼장애가 있는 아이에게서 더 흔하게 볼 수 있습니다. 대규모 전향적 코호트 연구에서, 향후 자폐스펙트럼장애로 확인되었던 어린이가 이미 생후 6~18개월부터 배변 패턴이나 수유 행동에서 차이를 보인다는 사실을 보고했습니다. 언어 지연과 비정형적인 감각 지각 또는 통증 표현의 어려움 등으로 인해, 자폐스펙트럼장애 아이는 배가 아프다고 하기보다는 초조해 보이거나 잠을 잘 자지 못하거나 다른 이상 행동을 하는 것으로 나타나는 경우가 많습니다.

자폐스펙트럼장애 어린이들의 특징으로 인해 장 증상은 매우 흔하게 나타날 수 있는데, 특히 변화에 대한 저항의 표현으로 수유장애나 변비가 발생할 수 있고, 불안으로 인한 통증이나 섭식장애 및 장운동 장애가 있기도 합니다. 왜곡된 감각 지각으로 인해서도 복통이나 섭식장애, 변비 등이 나타날 수 있습니다.

자폐 어린이에게서 면역기능장애나 위식도 역류가 증가하는 것 같지는 않습니다. 다만 위식도 역류의 경우 자폐성 장애가 아닌 어린이에게서도 흔하게 나타날 수 있으므로, 어린이가 증상을 호소하거나 행동의 변화가 나타난다면, 위식도 역류와 같은 질병의 가능성을 염두에 두고 있어야 합니다.

또한, 자폐스펙트럼장애가 있는 어린이에게서 편식도 매우 흔하게 나타납니다. 협소한 식단 범위로 인해 변비와 같은 위장관 증상 및 장내 미생물 변화를 일으킬 수 있습니다. 자폐성 장애 어린이에게 전형적인 위장관 증상이 나타나거나, 초조함, 음식 거부, 수면장애가 있는 경우 소화기관 장애를 의심해봐야 합니다. 이때 필요한 검사로는 증상에 따라 다양하지만, 자폐스펙트럼장애가 있는 어린이도 다른 어린이와 동일한 방법으로 소화기계 질환을 치료합니다. 자폐스펙트럼장애의 증상에 맞게 기존 치료법을 수정하여, 변비 및 변실금에 대한 일관된 행동정보에 기반한 접근법을 적용할 수도 있습니다.

변비의 진단은 일주일에 두 번 이하의 배변 습관, 일주일에 한 번 이상 변지림, 변을 참는 행동, 배변 시 통증, 변기 막힘 중 2가지 이상이 나타났을 때 내릴 수 있으며, 그 원인에 따라 치료합니다. 충분한 수분 섭취, 과일 섭취(배, 포도, 키위, 자두 등), 주스 섭취를 강조하며, 일부 약제를 투여할 수 있습니다. 유산균 등은 일부 변비 치료에 도움이 된다는 결과가 있으나 개별균주에 대한 평가가 필요합니다. 만성 복통은 기질적 질환의 가능성에 대한 감별이 중요하며, 복통으로 인해 잠에서 깰 때, 녹색의 구토, 지속적이거나 주기적은 구토, 원인이 명확하지 않은 발열, 연하곤란, 심한 설사, 위장관 출혈 등이 동반되는 경우 추가적인 검사가 필요합니다

식이(섭식) 장애

자폐스펙트럼장애 아이 4명 중 최대 3명 정도는 음식의 질감, 색깔, 온도, 배열 형태 및 특정 음식에 대해 강박적인 섭취 패턴으로 식이와 관련된 문제가 발생합니다. 거부 행동으로서 음식을 입에 물고 있기, 의도적인 구역질, 구토 등의 증상으로 나타나기도 합니다. 이와 관련되어 이식증(흙과 같은 비음식물 섭취)이나 되새김(구토 후 위 내용물 재삼킴)을 보이기도 합니다.

자폐스펙트럼장애를 뒤늦게 진단받은 아이들도, 생후 약 16개월

무렵에는 다른 유아보다 더 심한 편식을 하는 것이 관찰되기도 합니다. 식이 습관과 편식은 청소년기까지 지속되는 경우가 많으며, 대개 제한적이고 반복적인 행동, 냄새, 맛, 질감과 관련된 감각 지각의 이상 및 차이로 인한 것으로 생각됩니다.

또한 발달 지연 아이는 구강운동 발달의 지연도 있을 수 있어, 딱딱하거나 너무 질겨 물리적으로 씹거나 삼킬 수 없는 질감의 음식을 거부하기도 합니다. 이러한 불편함은 음식 거부로 이어질 수 있으므로, 초기 평가에 위식도 역류, 치통, 음식 알레르기, 유당 불내증, 심한 변비 등을 확인해야 합니다. 구강 운동 장애가 관찰되면 이와 관련하여 언어 또는 작업 치료 및 평가가 필요합니다.

자폐스펙트럼장애 아이에게는 섭식 문제가 매우 흔하기 때문에 건강관리 시 식이 이력을 확인해야 합니다. 미량 영양소를 포함한 영양소의 생리적인 요구량은 자폐스펙트럼장애 아이와 일반 아이가 다르지 않습니다. 심한 음식 기피증이 있는 자폐스펙트럼장애 아이에게서 섬유질, 비타민 D, 칼슘 섭취 부족으로 인해 구루병(비타민 D), 괴혈병(비타민 C), 원추각막(비타민 A)과 같은 증상이 보고된 바 있습니다. 부족한 영양을 보충하기 위해 영양제나 보충제 등을 투여하는 경우, 어린이의 연령에 맞는 용량인지 확인하도록 합니다. 일부 식품 강화제는 편식이 심한 어린이에게 충분한 양의 비타민과 미네랄을 공급할 수 있으며, 자녀의 식단을 꾸릴 때 자격을 갖춘 영양사와 상담하여 충분한 영양 섭취에 대해 안내를 받을 수도 있습니다.

아이에게 규칙적인 식사와 간식을 제공하는 것이 좋습니다. 하루 종일 과자와 같은 간식을 자주 먹지는 않도록 하며, 스스로 식사하도록 장려하고, 기본적인 행동 접근법을 사용하여, 산만함을 최소화하면서 식사 시간이 예측 가능하도록 도와주는 것이 좋습니다.

자폐스펙트럼장애 아이는 새로운 음식에 익숙해질 때까지 여러 차례 음식에 노출되어야 합니다. 영양상태가 악화되거나, 여러 차례 음식에 익숙해지도록 했음에도 불구하고 음식에 거부감을 갖는다면, 특히 입을 틀어막거나 되새김을 하거나 심한 구토, 심한 혐오감 등을 보이는 경우에는, 행동관리 및 구강운동 치료(언어 또는 작업 치료) 등이 도움이 됩니다. 음식 거부는 또 다른 불편함에서 비롯될 수도 있으므로 소화기영양분과 소아청소년과 전문의와 상담하는 것이 도움이 될 수 있습니다. 위루관 삽입 및 비경구 수유는 적절한 행동 중재에 실패한 경우에 일부 고려해볼 수도 있습니다.

비만

자폐스펙트럼장애가 있는 어린이는 일반 어린이에 비해 과체중과 비만의 위험이 더 높습니다. 자폐스펙트럼장애가 있는 아이는 활동적인 여가나 조직적인 스포츠에 대한 기회와 관심이 적고, 에너지 밀도가 높은 음식을 반복적으로 섭취하며, 비정형 신경 이완

제(또는 항정신병 약물) 및 항경련제와 같이 체중 증가를 유발하는 약물을 처방받는 경우가 많기 때문입니다. 이에 더해 수면장애가 동반되면 비만이 더 잘 생길 수 있습니다.

소아청소년과 전문의는 건강관리 차원에서 아이의 연령별 BMI 백분위수를 모니터링하고, 예방 지침을 통해 교정할 수 있는 위험 요인을 줄이도록 노력해야 합니다.

하지만 일반 어린이에게 사용하는 비만 관리 프로그램을 자페스펙트럼장애가 있는 어린이에게 그대로 적용하는 데는 많은 어려움이 있습니다. 체질량지수(BMI)가 성별, 연령별 95 백분위수 이상이면 비만과 연관된 질환 및 합병증이 있는지 확인이 필요합니다. 또한 사춘기 2차 성징의 점검도 필수적이며, 생활 습관 및 식습관을 건강한 방식으로 바꾸도록 도와주어야 합니다.

이상적인 방향은 지방과 열량 섭취를 줄이고 유산소 운동과 체력 단련 운동을 병행하고, 가정에서 행동규칙을 정해 식사 시간과 장소를 일정하게 하는 것입니다. 매 끼니, 특히 아침을 거르지 않도록 유의하며, 식사 중에는 동영상 시청을 하지 않도록 합니다. 식기는 작은 그릇을 쓰고, 달고 기름진 음식과 음료수를 제한합니다. 자기 전 동영상을 보지 않으며 동영상 시청 시간을 제한해야 합니다. 마지막으로 적절한 행동에 대한 보상으로 음식을 주지 않도록 합니다. 최근에는 비만을 줄이는 약물 사용도 고려해볼 수 있습니다.

치아 위생

자폐스펙트럼장애 아이는 치과 치료를 잘 받지 못하는 경우가 많은데, 이는 특성상 치료에 협조하기가 매우 어렵기 때문입니다. 치료뿐 아니라 치아 검진조차도 쉽지 않으며, 이에 따라 치은 질환에 대한 유병률 데이터조차 많지 않습니다. 그럼에도 다른 어린이와 마찬가지로, 어릴 때부터 치아 위생과 불소 사용에 대한 주의를 기울이고 가능하다면 불소 사용을 권장하도록 합니다. 필요하다면 진정제를 투여하여 치료하는 것이 향후 더 큰 치료를 예방하는 방법이기도 합니다.

이식증 발생

이식증은 진흙, 털, 재, 페인트, 숯, 머리카락 등 먹지 못하는 물체를 반복적으로 또는 만성적으로 먹는 습관 장애입니다. 자폐스펙트럼장애가 있는 어린이는 유아기 발달 시기가 지난 후에도 음식이 아닌 물건을 입에 넣기도 합니다. 미취학 아이의 최대 1/4에서 이식증이 보고되고 있으며, 지적장애가 있는 경우에 이러한 이식증이 나이가 들어서도 지속됩니다. 이식증은 감각적 차이, 집착, 환경에 대한 구강 탐색으로 인해 지속되기도 합니다.

무엇보다 독성 물질을 섭취할 위험이 증가하고, 납 중독, 감염, 배터리 등을 섭취할 위험이 있으므로, 자폐성 장애 아이의 이식증에 지속적으로 주의를 기울여야합니다. 또한 이식증이 있으면서 급성 복부 통증이 있는 경우 장폐색이나 장천공을 고려해야 합니다. 일반 어린이의 이식증은 철분 결핍과 관련이 있으므로, 이러한 맥락에서 이식증이 있는 어린이의 혈중 납 및 철분 결핍에 대한 검사 후 모니터링을 실시하고, 동시에 기생충 감염에 대해서도 확인해봐야 합니다. 이식증이 관찰되면 적절한 행동 강화가 필요하며, 주변 어른이 지속적으로 관리 감독해야 할 뿐 아니라 예방하기 위한 환경적 안전장치를 마련하는 것이 필요합니다.

수면장애

수면장애는 자폐스펙트럼장애가 있는 어린이에게 매우 흔하게 관찰되며, 낮 동안에 있었던 문제행동의 악화와 관련이 있는 경우도 있습니다. 자폐스펙트럼장애 아이의 50~80%에서 수면 시작 및 유지에 문제가 있다고 알려져 있습니다. 나중에 자폐스펙트럼장애 진단을 받은 아이 중 상당수가 생후 30개월까지 수면 관련하여 문제를 겪은 것으로 보고되기도 합니다. 생후 30개월 이후에도 자폐스펙트럼장애 아이의 수면 문제는 지속적으로 관찰되며, 청소년이 되면 거의 절반 정도가 수면 관련 증상을 겪게 됩니다.

자폐스펙트럼장애를 가진 아이는 취침 시간 저항(수면 시간이 되었지만 잠을 자지 않으려고 함), 기면증, 야간 각성이 더 많으며, 청소년이 되면,

절대적인 수면 시간이 짧고, 주간 졸음, 수면 시작의 지연(점차 더 늦게 자려고 함)이 잘 나타납니다.

이렇게 자폐스펙트럼장애 아이의 수면장애 빈도가 높은 이유로는 아마도 멜라토닌 대사의 차이, 수면에 중요한 다른 신경전달 물질의 공존장애, 사회적 기대치 부족 등으로 인한 것으로 보입니다. 스미스-마게니스 증후군과 같은 일부 유전적 장애는 자폐성 장애와 수면장애 모두와 관련이 있기도 합니다. 꼭 자폐스펙트럼장애가 있어서가 아니더라도 수면장애의 원인으로 하지불안 증후군, 뇌전증, 불안, 주의력결핍-과잉행동장애, 기분 장애와 같은 다른 공존 질환 등이 있을 수 있습니다.

수면 시작의 지연(잠을 너무 늦게 잠)이나 야간 각성(자다가 반복적으로 깸)은 일반적으로 학습된 행동 패턴이며, 이는 불면증과 관련이 있습니다. 다른 아이와 마찬가지로 자폐스펙트럼장애 아이에게 수면 시작의 지연, 야간 각성 및 너무 이른 시간의 기상이 관찰된다면, 수면 평가 시에 위식도 역류, 경련, 천식, 알레르기, 습진 또는 야뇨증과 같이 수면을 방해할 만한 공존 질환이 있는지 확인해야 합니다.

소아에게 코골이가 있다면 폐쇄성 수면 무호흡증을 의심할 수 있으며, 추가 진단을 위한 검사가 필요할 수 있습니다. 오후 늦게 또는 초저녁에 비디오 게임을 하거나 핸드폰/태블릿 PC 등을 보는 어린이는 취침 시간이 늦어지고 잠들기가 어려운 경우가 많습니다. 밤에 지속적으로 깨거나 엎치락뒤치락 자는 어린이는 철분 부족 여부를 확인해보는 것이 도움이 되기도 합니다. 가정에서는 가정 내 야간 소음, 부모의 근무 시간 및 기타 요인이 수면에 영향을 미칠 수 있는지 살펴보는 것이 도움이 될 수 있습니다.

쉽게 잠들지 못하는 아이는 잠들기 위한 루틴을 정하는 것이 좋고, 자다가 자꾸 깨는 아이는 깼을 때의 반응을 확인하여 행동방침을 결정하는 것이 도움이 됩니다. 자폐스펙트럼장애뿐 아니라 수면장애가 있는 아이에 대해 부모 교육 및 행동 중재는 효과가 있는 편입니다. 행동 중재로는 부모가 수면 루틴(수면 의식: 잠이 드는 과정에서 이를 닦고 세수하고 잠옷을 입고, 침대에 누워 책을 읽는 등의 일련의 과정)을 정립하고 아이가 정해진 자신의 잠자리에서 자도록 하는 것 등이 있습니다. 자폐스펙트럼장애 아이는 불안의 정도가 높고 또 일부 어린이는 주의력결핍-과잉행동장애가 동반되어 있기도 하므로, 규칙적인 수면 시간을 잘 따르지 못하고 일정한 수면 패턴을 확립하는 게 매우 어렵기도 합니다. 이렇게 장애물이 많지만, 정해진 행동 패턴을 꾸준히 실행하면 수면 습관을 확립하는 데 도움이 될 수 있습니다.

자폐스펙트럼장애 여부와 관련없이 아이에게 수면장애를 치료할 수 있도록 안정성이 확인된 약물은 아직 없습니다. 따라서 어떠한 약물을 선택하든 저용량으로 시작하여 부작용이 나타나지 않는지 모니터링해야 합니다. 어린이가 잠들기 어려워한다면, 수면 전 멜라토닌 호르몬 보충제를 복용하는 것이 도움이 될 수 있습니다. 보통 1~6mg의 용량을 섭취하되, 가능한 한 서방정을 이용하면 됩니다. 이 약물의 부작용으로는 간혹 악몽이 나타날 수 있습니다. 아드레날린성 약제(클로니딘 등)와 항히스타민제(디펜히드라민)는 종종 잠이 들게 하거나 야간 각성을 줄이는 효과가 있지만, 아직 문헌 근거는 없습니다.

실종으로 연결될 수 있는 배회

자폐스펙트럼장애 아이는 밤뿐 아니라 낮에도 충동적으로 돌아다니기도 하며, 그중 일부는 익수사고나 교통사고를 유발하여, 자폐스펙트럼장애 아이의 이환율과 사망률의 주요 원인이 되기도 합니다. 자폐스펙트럼장애 아이는 사회적 관습이나 지역사회 규칙에 대한 인식이 부족한 데다가 충동성과 집착 등으로 인해 물가나 복잡한 도로와 같은 곳에서 순식간에 위험해지기도 하고, 낮에 지속적으로 외출 활동(방황, 일부는 가출의 형태)을 하다 보면 부상을 당하기도 하기 때문에 이러한 가출은 자폐스펙트럼장애 환자에게 빈번하게 나타날 수 있는 공존 질환으로서 꼭 확인해봐야 합니다.

한 온라인 연구에서 1,218명의 자폐스펙트럼장애 아이의 가족을 대상으로 가출에 대한 설문조사를 실시한 결과 4~10세 사이의 자폐스펙트럼장애 아이 중 거의 절반이 가출을 시도한 경험이 있다고 보고했습니다. 그중 거의 절반은 부모가 경찰에 신고할 정도로 오랫동안 실종 상태이기도 했습니다. 약 3분의 2는 교통 관련 부상 위험에 처해 있었고, 또 약 3분의 1은 익수사고 직전까지 갔던 것으로 보고된 바 있습니다. 또 다른 국가 단위 설문조사에 따르면 지적장애가 있든 없든 자폐스펙트럼장애를 앓고 있는 아이의 약 1/3이 지난 1년간 가출을 시도한 것으로 보고되기도 했습니다.

이러한 배회는 성인이 되어서도 지속되기도 합니다. Anderson 등이 시행한 설문조사에서 447명의 부모는 배회의 가장 흔한 이유로 달리기를 좋아하는 아이, 원하는 장소(예: 공원)에 가려는 시도, 강렬한 관심사(예: 물) 추구, 불안하게 만드는 상황이나 감각적 상황으로부터 회피라고 했습니다. 자폐스펙트럼장애의 중증도가 악화될수록 또는 지적장애가 동반되는 경우에 실종의 위험이 증가하며, 위험에 처한 어린이의 상당수는 언어 능력이 떨어져 길을 잃었을 때 본인의 이름, 주소, 전화번호를 알려주지 못하는 경우가 많습니다. 또한 구조자가 자폐스펙트럼장애 아이의 상태를 모르는 상태에서, 아이가 두려움을 느껴 드러내는 공격성을 위험한 행동으로 인식하게 되는 경우도 많습니다.

실종에 대해 가장 중요한 대응은 예방입니다. 인지 능력 수준에 관계없이 모든 자폐스펙트럼장애 아이는 가출이나 실종의 위험이 있습니다. 자폐스펙트럼장애 아이를 대상으로 한 대규모 연구에서, 보호자는 지적장애가 있는 아이의 실종을 예방하기 위해 주로 물리적 혹은 전자적 장벽을 이용하는 것으로 보고한 바 있습니다. 실종 예방 및 관리에 대해 학교, 가정, 지역사회 등 모든 환경에서 일관되고 적절한 성인의 감독이 매우 중요합니다. 가족 역시 감독의 필요성이 증가하면 가족 내 스트레스가 매우 늘어나게 됩니다. 가족 구성원은 안전을 위해, 잠금장치나 경보 시스템뿐 아니라, 개인 GPS 장치, 식별 팔찌 혹은 신분증이나 목걸이 등을 고려할 수 있습니다.

아이에 대한 정보를 경찰서에 등록하고 가족 내 비상 연락처 등을 준비해두는 것도 좋은 방법입니다. 우리나라에는 지역 경찰서 등에 어린이의 지문을 사전 등록해두는 방법 등이 있고, 실종 시 아이를 찾는 데 큰 도움이 됩니다(경찰청 안전 Dream 홈페이지 참조).

충동성 및 과잉 행동이 실종의 원인이 되는 경우, 약물 치료를 고려하는 것도 도움이 될 수 있습니다.

또한 아이가 밤에 배회할 위험이 있는 경우 수면 문제를 해결하는 것이 중요합니다. 수면장애 중 일부는 자폐스펙트럼장애 아이의 낮 활동과 관련이 있어, 이를 해결하면 수면장애 해결에 도움이 되기도 합니다. 안전을 위한 행동 요령이나 적절한 공동체 내의 행동을 가르치는 것도 꼭 필요한 일입니다.

운동장애

자폐성 장애 아이가 협응장애나 그 외 신경학적 문제를 가지고 있을 수 있다는 연구가 늘고 있습니다. 복잡한 모양의 틱과 정형화된 움직임을 구별하는 것은 쉽지 않은 편이며, 특히 이상긴장증(카타토니아)은 자폐스펙트럼장애에서도 동반되어 나타날 수 있습니다. 움직임의 시작이 지연되거나 운동수행 능력의 저하가 보고된 경우, 일부에서 약물이나 전기 요법, 행동 중재 등으로 치료하는 경우가 있으나 문헌적인 근거는 별로 많지 않습니다.

나중에 청소년기에 운동 능력이 줄어드는 등 퇴행이 나타난다면 그 원인에 대해 소아신경분과 세부전문의나 신경과 전문의의 재평가가 필요합니다. 자폐스펙트럼장애 진단을 받은 아이 4명 중 1명이 언어 또는 사회적 관심의 퇴행이 보고되고, 특히 이는 18개월에서 24개월 연령에서 가장 흔하게 나타나므로, 이와 달리 나이가 들어서 퇴행이 나타난다면 꼭 재평가를 해야 합니다.

주의력결핍-과잉행동장애

자폐스펙트럼장애 아이의 약 절반이 주의력결핍-과잉행동장애의 진단 기준을 충족합니다. 따라서 처음에는 주의력결핍-과잉행동장애로 진단받았던 어린이 중 일부는 나중에 자폐스펙트럼장애로 진단받게 될 수도 있습니다. 주의력결핍-과잉행동장애의 증상은 외부 자극에 대한 부주의와 충동성으로 인해 자폐스펙트럼장애 아이의 사회적 기능을 악화시킵니다.

주의력결핍-과잉행동장애의 증상을 평가하는 데 사용하는 표준 평가 척도가 자폐스펙트럼장애 어린이에게도 꼭 유용하다고 보기는 어려우나, 자폐스펙트럼장애 아이의 증상에 대해 평가하고 치료를 모니터링하는 데 매우 유용합니다.

또한 자폐스펙트럼장애에 흔하게 동반되는 언어 장애와 집착(끈질긴 집중력)을 부주의나 과잉 행동과 감별하는 것이 중요합니다. 언어가 지체된 경우 더 부주의해 보이는데, 이는 자신이 이해하거나 수행할 수 없는 활동(학습 포함)을 수행해야 하는 경우, 자폐스펙트럼장애 아이는 이를 회피하기 위한 행동을 할 수 있으며, 이로 인해 부주의와 과잉 행동으로 오인되기도 합니다. 자폐스펙트럼장애 아이는 자신의 끈질긴 관심사에 집중할 수 있는 편이며, 환경에 의해 주의가 산만해지는 것이 아니라 내적으로 주의가 산만해지는 경우가 많습니다. 부주의 또는 충동성 증상에 대한 평가에는 언어 및 교육 능력 평가가 포함되어야 합니다. 아이가 이해할 수 있도록 적절하게 변경된 훈련과정이나 언어를 사용하면 행동 중재의 성공 가능성이 높아집니다.

증상을 개선시키기 위해서, 과제 수행 행동을 강화하고, 성과 단위를 세분화하여 완료하기 쉽도록 하며, 활동을 위한 적절한 휴식 시간을 주는 것이 좋습니다. 주의력결핍-과잉행동장애 어린이는 자극에 대하여 매우 민감하게 반응하기 때문에 주변 환경을 차분하게 만들어줄 필요가 있습니다. 자폐스펙트럼장애가 없는 주의력결핍-과잉행동장애 어린이에게 사용하는 약물과 동일한 약물을 자폐스펙트럼장애 아이에게도 비슷한 용량으로 사용할 수 있습니다. 다만 자폐스펙트럼장애가 있는 아이에게는 부작용 위험이 더 클 수 있으므로 각 약물의 효과를 이해하고 부작용을 모니터링하는 것이 중요합니다. 또한 주의력결핍-과잉행동장애의 동반 질환에 대한 평가 시 불안장애도 포함해야 합니다.

행동 및 정서 장애에는 무엇이 있나요?

행동장애

자폐성 장애 아이에게 흔하게 나타나는 행동 증상으로는 과잉 행동, 부주의, 공격성, 폭발적으로 화냄, 자해행동 등이 있습니다. 이러한 증상들이 자폐스펙트럼장애의 핵심적인 특징은 아니지만 일반적으로 학교, 가정, 지역사회에서의 활동에 영향을 주고, 가족을 난감하게 합니다. 정신과적 질환은 불안, 강박증, 기분장애, 품행장애 등이 있으며, 이는 자폐스펙트럼장애 아이 및 청소년의 70~90%에서 관찰됩니다.

이와 같은 행동 문제는 자폐스펙트럼장애 아이뿐 아니라 그 가족의 건강과 삶의 질에 매우 큰 영향을 미칩니다. 따라서 자폐스펙트럼장애 아이에게 행동 및 정서 상태에 대해 정기적으로 선별 검사를 받는 것이 좋습니다. 아이의 행동이 가정 및 학습 기능에 미치는 영향을 평가하는 방법으로는 아동행동 평가, 부모 평가 척도 또는 아동행동 체크리스트와 같은 부모 및 교사 설문지 등이 있습니다. 행동 증상의 변화와 함께 신체적 불편의 원인 및 행동 중재를 고려해야 하며, 행동 중재가 문제를 해결하기에 충분하지 않거나 어려운 경우 약물 치료를 고려해야 합니다.

불안장애

불안장애에는 분리 불안장애, 선택적 함구증, 특정 공포증, 대인기피증, 공황장애, 광장 공포증, 범불안장애 및 불특정 불안장애 등이 있습니다. 일반 인구의 절반은 일시적으로 불안장애를 겪기도 하는데, 자폐스펙트럼장애 아이에게도 매우 흔하게 나타날 수 있습니다. 불안장애의 주요한 증상은 유아기에 시작되며, 과잉 반응과 같은 행동장애로 나타납니다.

자폐스펙트럼장애 아이에게서 불안이 나타나는 이유는 유전적 요인이나 스트레스 상황에서의 왜곡된 반응으로 인한 것으로 보입니다. 자폐스펙트럼장애의 핵심 증상으로 인해 다른 사람의 행동을 예측하거나 의도를 해석하는 능력이 떨어지므로, 아이는 지속적으로 걱정이 많은 상태로 이어질 수 있습니다. 반복적인 상동행동은 부분적으로나마 예측 가능성을 높여주는 역할을 하기 때문에, 불안이 증가하면 이로 인해 반복행동이나 집착이 늘어납니다.

자폐스펙트럼장애 아이에게서 불안을 평가하려면 언어 사용, 학업 기대, 사회적 요구, 두려움이나 공포증을 고려해야 합니다. 자폐스펙트럼장애 아이는 자신의 증상을 설명하기에는 언어 능력이나 인식이 부족하므로, 다양한 출처에서 정보를 얻고 상황에 따른 행동 패턴을 살펴봄으로써 자폐스펙트럼장애 아이의 불안을 평가하는 데 도움을 받을 수 있습니다.

치료 방법 중 가장 명확한 효과가 있는 것으로는 인지행동 치료가 있으며, 이는 정상 지능이 있는 자폐스펙트럼장애 아이의 불안 증상에 효과가 있습니다. 일부 불안 증상은 소화기 증상 등과 연관되어 있기도 합니다. 일부에서는 행동프로그램에서 이용하는 감각방향 전환 또는 감각활동 치료(Sensory redirection or sensory activities)가 불안함을 줄이는 데 도움이 된다고 보고 있습니다. 불안이 불확실성으로 인해 악화되거나 감각 왜곡 및 과민 반응과 관련된 경우, 일관적인 일과(정형화된 일과) 등을 고려할 수 있습니다. 뉴로 피드백 또는 디지털 방식으로 제공되는 피드백과 같은 비약물적 접근법이 일부 알려져 있으며, 일반인의 불안에 사용되는 약물 역시 일부 사용할 수 있습니다.

기분장애

우울장애는 일반인에 비해 자폐스펙트럼장애 환자에게 더 흔하게 나타나며, 자폐스펙트럼장애 환자에게 우울장애가 발생하는 경우는 12~33%까지 매우 다양합니다. 우울증 증상은 아이보다는 성인의 경우 더 문제가 되기도 하는데, 우울증이 유전적 신경생물학적 요인뿐 아니라 만성 스트레스나 사회적으로 어려운 상황 등 환경적 요인과도 관련이 있기 때문입니다.

자폐스펙트럼장애가 있는 경우, 기분이 좋아지거나 우울해지는 증상이 모두 행동 증상으로 나타날 수 있어, 기분이 큰 폭으로 변한다거나 수면 습관, 식습관의 변화와 같은 증상으로 나타날 수 있습니다. 이 결과 자살 시도 자체도 일반인보다 자폐스펙트럼장애가 있는 사람에게 더 자주 발생합니다. 위험 요인으로는 왕따, 행동 문제, 소수 인종 또는 민족, 남성, 낮은 소득수준이나 사회경제적 지위, 낮은 교육 수준 등이 있습니다.

따라서 미국소아과학회에서는 12세 이상의 자폐스펙트럼장애 아이에게 우울증 선별 검사를 권장하고 있습니다. 우울증 고위험군에 속하는 다른 청소년처럼 자폐스펙트럼장애 환자에게도 비슷한 접근을 하고 있는데, 대개 우울증 및 기분장애 평가에는 가족력, 환경 스트레스 요인, 자살 가능성, 공존 질환 평가를 하고 있습니다.

치료적 중재로는 지지 요법, 인지행동 요법에 더해 필요한 경우 약물 치료를 할 수 있습니다. 자폐스펙트럼장애 장애인에게 항우울제를 사용하는 것이 공격성을 해결하는 것은 아니며, 불안에 대한 효과 역시 일정하지는 않습니다. 약물 치료는 일반 소아 인구의 데이터에 더해 일부 개개인별로 가감하여 권장 여부를 결정하게 됩니다. 일반적으로 소아의 우울증은 그 예후가 좋지 않은 편인데, 약물 치료에 대한 반응도 적은 편이고, 불안장애나 품행장애 등이 흔하게 동반되기 때문입니다.

양극성 장애의 경우 활동량, 에너지, 기분의 변화가 동반되나, 언어가 제한적인 자폐스펙트럼장애일 때는 그 진단이 쉽지 않습니다. 자폐스펙트럼장애 아이에게 양극성 장애가 발생하는 경우는 6~21%로 다양하며, 자폐스펙트럼장애 환자가 평생 양극성 장애를 진단받는 경우는 약 9%에 다다릅니다.

강박장애

제한적이고 반복적인 행동이 자폐스펙트럼장애 아이의 주된 증상이기는 하지만, 일부 자폐스펙트럼장애 아이에게 강박증이 나타날 수도 있습니다. 강박증은 불편을 야기하는, 반복적이고 원치 않는 지속적인 생각이나 이미지, 충동을 말하며, 대개 불안을 줄이기 위해 엄격한 규칙에 따라 반복적인 행동이나 생각을 하게 됩니다. 즉 개인에게 의미가 없거나 불필요한 것으로 인식되는 생각이나 이미지, 충동 등이 자신의 의지와는 상관없이 반복적으로 떠오르거나(강박사고), 어떤 생각이나 충동을 피하기 위하여 특정 의식이나 행동을 반복하는(강박행동) 장애입니다. 스트레스를 받는 상황에서 어떤 물체를 반복적으로 만지거나 같은 말을 되풀이하거나 자꾸 손을 씻기도 합니다.

일반적으로 자폐스펙트럼장애의 반복행동과 달리 강박은 집착적인 행동을 하고 이로 인해 불안은 감소하지만 즐거운 것이라고 느끼지는 않습니다. 강박장애와 관련하여,

저장장애(호더), 피부뜯기장애, 강박증, 물질 또는 약물로 인한 강박 및 관련 장애, 다른 의학적 질환으로 인한 강박 및 관련 장애 등이 나타날 수 있습니다. 일반적으로 반복적인 행동은 강박장애가 있는 어린이가 예측 가능성을 회복하는 데 도움이 될 수 있기 때문에, 불안, 공포증, 우울증이 있는 자폐스펙트럼장애 아이에게 강박증이 나타날 수 있습니다.

환자의 언어 및 인지 수준에 따라 강박증 증상을 치료하는 첫 번째 방법으로 행동 치료나 약물 치료가 있습니다. 가능한 한 행동적 접근법을 권장하지만, 세로토닌 재흡수 억제제와 같은 약물이나 노출 및 반응 예방을 포함한 인지행동 치료 역시 효과가 있을 수 있습니다. 다만, 자폐스펙트럼장애 아이에게는 그 치료 효과가 제한적입니다.

공격적 행동장애

공격성, 떼쓰기(Temper tantrum), 자해행동과 같은 공격적인 행동으로 인해 자폐스펙트럼장애 아이가 가정 및 지역사회에서 조화롭게

어울리기 어렵습니다. 공격적인 행동은 스트레스 환경이나 의학적 상태에 대한 반응으로 나타날 수 있으며, 의사소통의 한 방법으로 나타나기도 합니다.

증상 초기에는 행동 분석 및 행동 치료가 도움이 됩니다. 공격적인 행동은 본인에게 필요한 것을 요구하거나 원치 않는 상황에서 벗어나기 위한 의사 표현으로서 나타나는 경우도 있는데, 이러한 행동의 결과가 성공적이라면 아이는 반복적으로 이 행동을 하게 됩니다. 따라서 공격적인 행동이 새로 시작되는 경우 의학적 원인 등을 확인해야 하지만, 의학적 원인이 명확하지 않고, 행동이 과민함과 관련이 있거나 행동 중재에 반응하지 않거나 불안, 기분장애, 주의력결핍-과잉행동장애와 같이 진단 가능한 행동장애가 함께 발생한다면 약물 치료를 고려해볼 수 있습니다.

자폐스펙트럼장애 아이의 8~68%가 공격적인 행동을 보입니다. 아동행동 체크리스트에서 자폐스펙트럼장애 아이의 4분의 1 정도가 공격적인 행동을 보이는 것으로 드러났습니다. 공격성은 과잉행동, 인지 능력 저하, 수면 문제, 불안과 같은 내면화 행동과 관련이 있으나 성별과는 관련이 없습니다. 또 다른 연구에서는 적응 기술이 낮고 반복행동이 잦은 자폐스펙트럼장애 아이의 신체적 공격 비율이 증가하는 것으로 드러났습니다. 또한 공존하는 수면 문제나 과잉 행동을 관리하는 것이 행동 중재나 약물 요법과 함께 도움이 됩니다.

자해행동은 자폐성 장애인의 40~50%에서 일생 중 한 번 이상 보고되며, 공격적인 행동과 수면 문제가 있는 자폐스펙트럼장애 아이의 경우 더 흔하게 발생합니다. 자폐스펙트럼장애 아이의 자해행동은 반복적인 형태로 드러나는데, 일부는 본인의 만족을 위한 것일 때도 있습니다(예: 긁기, 피카, 반추 행위). 머리를 부딪치거나 자해하는 행동은 짜증의 일부로 나타날 수 있으며, 공격성 및 기타 파괴적인 행동과 마찬가지로 개인이 원치 않는 요구나 상황에서 벗어나기 위한 표현 수단일 수도 있습니다.

자해행동의 예방 또는 차단 중재로 증상을 개선시킬 수 있으나, 이 행동의 근본적인 원인을 해결하지 못하면 자해행동의 양상이 변화하기도 합니다. 자폐스펙트럼장애 아이의 자해행동 지속은 인지 및 언어 능력의 제한, 과잉 행동, 충동성, 반복적인 행동, 사회적 상호작용의 어려움과 관련이 있습니다. 일부 자해행동은 레쉬-니한 증후군의 심각한 자기 물림과 같이 자폐스펙트럼장애 자체와 관련없이 특정 유전적 장애와 관련있기도 하며, 코넬리아 드 랑게 증후군, 취약X염색체 증후군, 스미스-마게니스 증후군과 같이 자폐스펙트럼장애와 연관된 유전 질환과 관련있기도 합니다.

공격적이고 자해적이거나 파괴적인 행동을 하는 경우, 아이와 가족의 안전을 지속적으로 평가해야 하며, 행동이 안전하지 않거나 환자가 치료 계획에 반응하지 않을 때 지역사회 서비스 등의 도움을 얻어 관련 전문가의 행동 중재가 필요합니다.

통합대체 치료에는 어떠한 것들이 있나요?

자폐스펙트럼장애의 신경생물학적 기전이 조금씩 알려지면서 증상을 더 잘 관리하거나 증상을 호전시킬 수 있는 새로운 약물이 개발되기도 했습니다. 이에 따라 최근에는 흥분성 신경전달물질(글루타메이트 및 g-아미노부티르산 등)의 대사를 조절하고, 아세틸콜린에스테라아제나 니코틴산 수용체를 차단하며, 자연적으로 사회적 관계를 촉진하는 호르몬(예: 옥시토신 및 바소프레신)으로 작용하는 약물을 개발 중입니다. 이렇게 새로 제조되는 약물뿐 아니라 기존 약물을 새로운 용도로 사용하기도 합니다. 또한 정신약물 유전체학에서는 일부 환자가 유전적으로 특정 약물에 효과가 있을 가능성이 높거나 부작용 위험이 높은지 예측하기도 합니다.

통합, 보완, 대체 요법 등이 발전하고 있지만, 아직까지 자폐스펙트럼장애가 발생하는 이유나 최선의 치료 방법에 대해서는 연구를 진행하는 중입니다. 환자의 가족들은 기존 치료법으로 빠르게 해결할 수 없거나 전문가에게 도움을 받을 수 없는 증상들을 해결하기 위해 과학적 근거가 없는 영양 요법이나 비의학적 요법을 고려하기도 합니다. 이에 따라 소아청소년과 전문의는 환자 가족들로부터 통합 진료에서 사용하거나, 다른 가족에게 소개받았거나, 인터넷, 대중매체, 유명인이 홍보하는 각종 비표준 치료에 대해 자주 질문을 받게 됩니다. 최근까지도 아직 입증되지 않은 자폐스펙트럼장애의 원인 이론에 기반한 중재가 계속해서 연구되고 있습니다. 적절하게 설계된 임상 시험에서는 멜라토닌과 같은 일부 치료를 뒷받침하는 근거를 제시하기도 했고, 세크레틴과 같은 치료는 효과를 입증하지 못하기도 했습니다. 현재 여러 치료가 이용되고 있지만 아직 그 효과 여부가 완전히 입증되지는 않았습니다.

대체 치료는 행동 증상의 생물학적 원인을 교정하는 것으로 보이며, 기존 치료법에서 효과가 없었던 경우 중 일부 희망적인 결과가 나타나면서 보호자의 관심이 높아졌습니다. 자폐스펙트럼장애 아이의 28~74%는 한 가지 이상의 대체 치료를 받았다고 합니다. 대체 요법은 주로 과민성 또는 과잉 행동이 있거나 음식 알레르기가 있는 것으로 보고된 자폐스펙트럼장애 아이에게 시도해보는 경우가 많습니다.

자폐스펙트럼장애 아이에게 시도해보는 보완, 대체 및 통합 요법은 첫째, 천연물(허브, 비타민 및 미네랄, 프로바이오틱스 포함), 둘째, 심신 수련(요가, 카이로프랙틱, 마사지, 침술, 점진적 이완, 유도 심상 포함), 셋째, 기타 대체 요법(전통 의학 및 자연요법 포함)의 3가지 영역으로 분류합니다.

자폐스펙트럼장애 아이의 증상 치료 방법 중 하나로 시도하는 천연물을 포함한 식이요법은 많은 사람들이 자연적이고 부작용이 없으므로 유익하다고 인식하는 편입니다. 글루텐 및 카제인 함유 식품 제한은 알레르기나 셀리악병 때문이 아니라 자폐스펙트럼장애의 증상을 개선하기 위해 시도해보는 경우도 있습니다. 하지만 현재까지 이중맹검 임상 시험에서는 식이요법을 통한 치료 효과를 입증하지 못했습니다.

소화기 증상이 있는 어린이의 경우 식이요법이 효과가 있는지는 아직 연구가 부족한 편입니다. 다만 어린이에게 카제인이 없는 식단을 시도해보고자 한다면, 칼슘과 비타민 D 보충제를 같이 투여해야 하고, 가능한 한 영양상담자에게 전문적인 영양상담을 받는 것이 좋습니다. 전혀 관련이 없다고 알려진 질환을 개선했을 때 행동 증상에 영향을 미칠 수 있기도 한데, 예를 들면 유제품을 제거하면 유당불내증으로 인한 과민 반응이 감소하기도 합니다.

편식이 심한 아이에게 식이 보충제를 주는 것과 달리 많은 자폐스펙트럼장애 아이에게 자폐성 장애 특유의 생화학적 이상을 치료하기 위해 비타민과 미네랄을 투여하기도 합니다. 흔하게 복용시키는 식이 보충제로는 비타민 D, 비타민 B12, 마그네슘이 함유된 비타민 B6, 오메가-3 지방산, 종합 비타민제 등이 있습니다. 현재까지 발표된 문헌에 따르면, 자폐스펙트럼장애의 증상 치료제로서의 비타민 보충제에 대해서는 논란이 있으며, 현재로서는 일반적인 어린이의 권장 요구량 이상의 다른 영양소 섭취가 필요하다는 결정적인 증거는 없습니다.

고용량 보충제의 장기적인 위험성은 아직 연구되지 않았습니다. 산모의 엽산 부족이 생물학적으로 자폐스펙트럼장애의 위험성과 관련이 있을 수 있으나, 현재로서는 아이가 MTHFR 유전자의 일반적인 변이 여부에 관계없이 비타민 B 보충제가 치료 효과가 있다는 증거는 없습니다.

일반적으로 사용되는 약물 중 멜라토닌 호르몬 보충제는 자폐성 장애 아이의 수면을 위한 안전하고 효과적인 치료로 입증된 바 있습니다.

자폐스펙트럼장애 증상에 사용되는 비약물적 치료는 인기가 있으며, 연구도 점차 더 많이 진행되고 있습니다. 음악 치료, 요가, 마사지 등이 자폐스펙트럼장애 아이의 증상에 미치는 영향에 관한 상반된 증거가 있지만, 현재로서는 이러한 치료법이 자폐스펙트럼장애의 핵심 증상을 치료하는 데 도움이 된다는 증거는 없습니다. 아직까지 소리자극에 대한 반응을 개선시키기 위해 헤드폰으로 변형된 소리를 듣는 청각 통합 훈련은 아직 효과가 입증되지 않았습니다. 율동 치료, 카이로프랙틱 치료 역시 아직까지는 그 증거가 불충분합니다.

비표준 목적의 약물 치료도 간혹 자폐스펙트럼장애 증상의 개선에 이용되기도 하는데, 임상 시험 결과 항진균제, 면역요법, 고압산소 치료는 그 근거가 부족할 뿐 아니라 안전성에 대한 우려로 인해 자폐스펙트럼장애 아이에게 적용하는 데에는 많은 주의가 필요합니다.

모든 중재와 마찬가지로 새로운 치료법을 선택하는 경우, 치료팀과 협력하여 해결하고자 하는 목표 증상을 파악하고, 어떻게 변화를 추적할지 고민해야 합니다. 효과가 적절한지 모니터링이 가능하고 혼란 요인을 식별할 수 있도록 단계적 방식으로 중재를 시행해야 하며, 이를 위해 소아청소년과 전문의와 가족이 긴밀히 협력하는 것이 중요합니다.

제8장

자폐스펙트럼장애 아이의 가족은 무엇을 할 수 있을까요?

요약

가족은 자폐스펙트럼장애 아이를 효과적으로 치료하는 데 핵심적인 역할을 합니다. 특히 부모는 아이의 돌봄과 교육에 중요한 역할을 합니다. 이들은 자폐스펙트럼장애에 대한 전문가이자 동반자로서 지역사회 서비스를 개선하고 향상시키는 데 참여하며 연구 계획에까지 의견을 내고 있습니다.

따라서 자폐스펙트럼장애 아이의 부모를 교육하고 지원하는 것은 부정적인 정서를 줄이고 긍정적인 인식을 높이며, 부모가 아이에게 좀더 적절한 서비스를 제공할 수 있도록 도와주며, 이는 아이의 형제자매에게도 영향을 미칩니다.

메디컬 홈은 가족 중심적이고 지속적이며 가족과 소통하고 협력하는 중요성을 강조합니다. 여기서는 부모에게 자녀의 양육에 필요한 기술을 가르치는 것이 중요하며, 이를 통해 가정에서 일상적으로 중요한 역할을 하게 됩니다. 부모 매개 치료는 중요한 부분이며 부모에 대한 지원과 교육이 자녀의 발달에 도움이 됩니다.

부모 교육의 목표는 의사소통 및 기타 발달적인 영역에 초점을 맞추며, 프로그램은 자폐스펙트럼장애 아이의 다양한 발달 영역에서 기술을 가르치기 위한 목적하에 편성됩니다. 의사소통, 참여, 사회적 상호작용, 놀이, 인지 및 학업 능력, 자기돌봄, 행동장애, 운동 능력 등을 포함하여 자녀의 발달을 총괄적으로 지원합니다. 각 프로그램은 구체적인 목표와 이를 달성하기 위한 전략을 가지고 있으며, 부모에게는 자녀의 발달에 필요한 기술을 가르치고 지원함으로써 중요한 역할을 맡도록 돕습니다.

소아청소년과 전문의는 환자와 가족 중심의 치료를 제공해야 하고, 아이의 건강에 대해 가족을 교육하고 존중해야 합니다.

* 도움이 되는 정보: 자폐증 말하기 자폐 치료 네트워크(개발도구도 포함)

자폐스펙트럼장애가 가족에게 미치는 영향

자폐스펙트럼장애 아이가 다른 가족 구성원과 사회에 미치는 영향은 상당히 큽니다. 자폐스펙트럼장애 아이의 부모는 자폐스펙트럼장애 아이가 없는 부모보다 스트레스가 많고, 경제적 어려움도 있습니다. 아이를 돌봐야 하기 때문에 일을 줄이거나 일을 멈추는 경우도 많습니다. 자폐스펙트럼장애와 관련된 가장 큰 사회적 비용은 특수 교육, 거주지 및 간병인 비용입니다. 자폐스펙트럼장애 아이의 가족에 대한 이웃의 지원은 부모의 스트레스를 감소시키고, 부정적인 정서를 줄여주며, 더 긍정적인 인식을 갖도록 돕습니다.

자녀의 자폐스펙트럼장애에 대해 더 많이 이해하는 부모는 아이에게 보다 집중하며 적절한 서비스를 제공해줄 수 있습니다. 진단받을 때 '가족지원모임'에 가족 연락처 정보를 제공하면 서비스를 받을 수 있습니다. 이 지원은 오프라인 상호작용 및 커뮤니티 활동을 제공하는 지역 모임 또는 온라인 커뮤니티일 수 있습니다. 많은 가족이 진단 당시에는 자폐스펙트럼장애 진단을 받은 다른 가족과 소통할 시간이나 마음의 여유가 없을 수 있지만, 나중에 유아기, 학령기, 청소년기 또는 성인기의 전환에 직면했을 때 이들 지원이 유용할 수 있습니다.

자폐증에 특화된 국가 지원 단체 및 지역 조직은 특별한 의료 서비스가 필요한 자폐스펙트럼장애 아이의 가족이 정보를 얻고 지원을 받는 데 효과적입니다. 소아청소년과 전문의는 진단 당시는 물론이고, 지시된 대로 가족에게 인터넷 사이트 또는 전화번호를 제공할 수 있도록 국가 및 지역의 지원 정보 출처에 익숙해야 합니다. 이들 국가 및 지역의 지원 단체나 서비스 제공자들은 문화적으로 다양한 그룹에 서비스나 지원을 제공할 수 있는 커뮤니티의 다른 리소스에 대해 잘 알고 있을 뿐만 아니라 다른 언어로 된 교육 자료를 제공하기도 합니다.

지적장애 및 정신 질환과 같은 공존 질환은 자폐스펙트럼장애가 가족에게 미치는 영향을 가중시킵니다. 일상생활에서의 어려움은 물론이고, 치료와 관련한 것들이 복잡해지고 어려워집니다. 나이가 좀더 많은 아이와 청소년의 가족은 일반적으로 전문가와의 상호작용이 매우 부족하다고 말하며, 자폐스펙트럼장애 진단과 관련된 부모의 스트레스는 가중된 채 지속됩니다. 소아청소년과 전문의는 자폐스펙트럼장애와 관련된 스트레스와 다른 가족 구성원의 건강에 대해 가족과 이야기하고 아이의 행동 및 일시적 요구를 해결할 수 있는 보호자 또는 기관에 대한 지원 상담이나, 가족 구성원의 충족되지 않은 건강 요구를 해결하기 위해 적절한 의뢰를 해야 합니다.

자폐스펙트럼장애 아이의 형제자매에게 미치는 영향은 사전 예방 차원의 지도와 일차적인 관리의 맥락에서 고려할 필요가 있습니다. 형제자매 대부분은 장애가 있는 형제자매가 있다는 것을 부정적인 경험으로 보고하지는 않지만, 그들 또한 증가된 스트레스와 그로 인한 정서적 문제의 위험에 처해 있습니다. 형제자매는 자폐스펙트럼장애 아이의 돌봄에 어린 나이부터 관여할 수 있으며, 일부는 자폐스펙트럼장애 아이가 필요로 하는 관심과 자원의 많은 양에 부담을 갖게 되며, 또래들이 참여하는 활동에 참여하지 못하는 것에 화가 나 있습니다.

형제자매에게는 자폐스펙트럼장애에 대해 적극적으로 가르치고, 또래 지원을 제공하는 것이 도움이 될 수 있습니다.

실제로 많은 영역에서 형제자매를 지원하고 교육하는 모임이 있습니다. 긍정적인 부모의 태도와 도움을 주는 가족 구성이 형제자매가 더 잘 적응하도록 할 수 있습니다. 소아청소년과 전문의는 부모뿐만 아니라 형제자매의 행복과 행동 건강을 지원할 필요가 있는지 감시하는 것이 중요합니다.

자폐증 말하기 자폐 치료 네트워크_형제 도구 키트

메디컬 홈이란 무엇인가요?

미국소아과학회의 메디컬 홈 모델에서 '일차 진료'는 모든 아이와 청소년을 위해 접근 가능하고 특별한 의료 서비스 요구를 포함하여 지속적이고 포괄적이며 가족 중심적으로 조정되고 능동적이며 문화적으로 민감해야 합니다.

자폐스펙트럼장애 아이들은 포괄적이고 개별 맞춤된 서비스에 접근하는 데 어려움을 겪습니다. 장기 돌봄 모델은 소아청소년과 전문의가 환자 및 가족과 협력할 수 있는 구조를 제공합니다. 하지만 자폐스펙트럼장애 아이의 부모들은 돌봄의 수준이 그들이 원하는 것보다 덜 포괄적이고, 덜 조정되며, 덜 가족 중심적이라고 인식하고 있으며, 돌봄에 만족하지 않는 경향이 있습니다. 또한 자폐스펙트럼장애에 대한 치료, 특히 보완적이고, 대체적이고, 통합적인 치료법에 대해 소아청소년과 전문의들이 잘 알지 못한다고 여깁니다. 실제로 소아청소년과 전문의들은 자폐스펙트럼장애 환자에게 전문적인 돌봄을 위한 시간과 자원뿐만 아니라 이러한 지원을 제공할 지식이 부족함을 인식하고 있습니다.

자폐스펙트럼장애 아이의 부모는 전문적인 돌봄에 더 잘 접근하기를 원하고, 자폐스펙트럼장애가 없는 아이의 부모에 비해 더 많은 의료 및 행동 건강 측면의 관리가 필요하며, 돌봄의 재정적 부담도 더 많습니다.

메디컬 홈에 대한 가족의 인식과 이해를 높이면 자녀의 돌봄을 계획하고 조정할 때 아이의 필요를 옹호하는 부모와 일차 돌봄 제공자의 동반자 관계를 촉진할 수 있습니다. 전국적인 조사 연구에 따르면, 메디컬 홈을 통한 가족 중심의 조정된 돌봄은 치과 요구를 포함하여 미충족 요구를 감소시키는 것으로 나타났습니다.

의사결정이 공유되면 자폐스펙트럼장애 아이와 보호자 및 소아청소년과 전문의 간의 대화를 통해 관리 계획을 위한 협력 프로세스를 촉진합니다. 특히 중재에 있어서 논란의 여지가 있거나 통일적으로 수용된 접근법이 없는 경우, 소아청소년과 전문의와 대화할 필요가 있습니다. 의사결정을 할 때 공유되어야 하는 사항은 답해야 할 질문의 명확성, 이해해야 할 선택사항, 존중해야 할 가족 맥락과 신념입니다. 이것은 한 번의 대화로 끝나기보다는 지속적인 과정이어야 합니다. 자폐스펙트럼장애 아이와 청소년이 그들의 발달 수준의 맥락 안에서 그 진단을 이해하도록 돕는 것은 자신의 증상을 이해하고 의사결정에 참여하도록 도울 수 있습니다.

자폐스펙트럼장애 아이의 부모에게 양육에 필요한 기술을 가르치는 일

자폐스펙트럼장애의 특성상 어린아이들은 최적의 교육적 진전을 이루기 위해 일관되게 지원할 수 있는 환경이 필요합니다. 예를 들어, 자폐스펙트럼장애 아이는 종종 한 환경에서 배운 기술을 다른 장소나 시간으로 옮기는 데 문제가 있습니다. 이러한 학습의 일반화 과정을 예상하고 지원해야 하는 까닭에 자폐스펙트럼장애 아이의 부모는 다른 많은 장애를 가진 아이의 부모들보다 교육과정에 더 밀접하게 참여할 필요가 있습니다.

예를 들어, Lovaas의 응용행동 분석(ABA)의 이점에 대한 초기 연구에 따르면, 학습을 지원하기 위해 '준비된 집'으로 돌아온 자폐스펙트럼장애 아이가 '치료 방법을 이행하지 못한 기관 환경'으로 간 아이들보다 치료 효과를 더 잘 유지하는 것으로 나타났습니다.

부모는 교육을 통해 자폐스펙트럼장애 아이의 행동을 관리하고 아이에게 적응 기술을 가르치는 방법을 배울 수 있습니다. 이러한 중재는 자녀의 학습을 극대화하고, 가정생활의 질을 향상시키며,

부모가 시간이 지남에 따라 자녀와 함께 노력을 지속할 수 있도록 해줄 수 있습니다.

가정환경의 중요성에 대한 초기 관찰을 바탕으로 여러 행동 분석가들은 부모에게 ABA의 기초를 가르치고 교육 팀의 필수 구성원으로 만들기 위한 기술을 개발했습니다. 이 연구는 부모가 ABA의 기초를 숙달할 수 있다는 것을 문서화했으며, 많은 부모들이 훈련의 이점에 만족을 표현하고, 고도로 숙련된 교사가 되었습니다. ABA의 지지자들은 다른 접근 방식보다 부모의 참여 역할을 훨씬 더 많이 수행했으며, 일부 경우에는 외부 치료사가 주기적인 정보를 제공하는 '가정 기반 ABA 프로그램'의 감독 및 관리의 대부분을 부모가 담당하기도 합니다.

가정에서 부모가 자녀와 함께 작업하도록 가르치는 연구의 대부분은 ABA를 사용하여 이루어졌지만, 자폐스펙트럼장애 아이의 부모가 가정에서 TEACCH 교육법을 사용하도록 가르치는 연구도 있습니다. 치료를 하지 않는 대조군에 비하여, 부모가 가정에서 TEACCH 방법을 사용한 아이들은 4개월의 간격 동안 다양한 기술에서 더 큰 향상을 보였습니다. 그동안 이 아이들은 동시에 다양한 종류의 주간 치료를 받고 있었습니다.

부모가 가정 기반 교육을 하는 데 있어 노력을 지속하기 위해서는 초기 훈련과 도전적 행동에 대한 지속적인 지원이 필요하다는 것을 학교에서도 인식하는 것이 중요합니다. 단순히 교수 원리에 따라 기본적인 교육과정을 제공하는 것만으로는, 새로운 문제가 계속 발생함에 따라 부모가 문제를 해결해나갈 수 있도록 장기적인 능력을 배양하기에 부족한 경우가 많습니다.

자폐스펙트럼장애 아이를 위한 프로그램 중 가장 자주 인용되는 것을 검토해보면, 이들 모두 교육방법의 하나로 부모를 훈련하는 프로그램을 제공하고 있다는 것을 알 수 있습니다. 부모는 부모교육에 참여하면서 가정에서 일상적으로 중요한 역할을 하는 것뿐만 아니라, 아이가 학교에서 익힌 기술을 가정과 지역사회에서 일반화할 수 있도록 돕는 역할까지 기대하고 있습니다.

그동안은 일반적으로 학교 기반 프로그램을 지원하는 데 부모가 보조적인 역할을 해왔기 때문에, 집중적인 가정 기반 프로그램에서 부모의 역할에 대한 연구는 적었습니다. 오늘날, 가정 기반 프로그램에서 부모가 중심 기능을 하는 것은 드문 일이 아니지만, 그들이 이 역할에 필요한 기술을 숙달하도록 돕는 가장 효과적인 방법과 이 역할이 가정생활에 가져올 수 있는 스트레스에 대해서는 아직 연구가 부족한 실정입니다.

TEACCH

TEACCH 프로그램은 여러 다양한 영역에서 개인의 발달을 촉진시키는 포괄적인 지원 방법으로 효과가 입증된 중재 프로그램입니다. 이 모델의 중재 목적과 계획은 아이의 강점과 관심, 대인관계

상황과 지역사회의 요구에 근거하여 이루어집니다. 정보를 시각적으로 제시하고, 구조화된 환경을 지원합니다.

부모 매개 치료 또는 부모 관리 교육

많은 연구에 따르면, 훈련된 부모나 다른 보호자들에 의해 전달되는 집중적인 중재가 치료 프로그램의 중요한 부분이 될 수 있다는 증거는 늘어나고 있습니다. 다른 비약리학적 중재보다 부모 매개 치료법에 대한 무작위 대조연구가 더 많이 발표되었습니다.

때때로 '부모 관리 교육'이라고 부르는 것은 '부모 지원 중재'와 '부모 매개 중재' 2가지 범주로 나뉩니다. 지식 중심이고 자녀에게 간접적인 혜택을 제공하는 부모 지원 중재에는 돌봄 코디네이션 및 심리 교육이 포함됩니다. 기술에 초점을 맞추고 아이에게 직접적인 혜택을 제공하는 부모 매개 중재는 자폐스펙트럼장애 또는 기타 행동이나 기술의 핵심 증상을 대상으로 할 수 있으며, 자연환경에서 ABA 접근 방식을 기반으로 구축될 수 있습니다.

양육자를 위한 교육과정은 가정, 클리닉, 학교, 다른 지역사회 설정 또는 원격의료에 의한 원격 중재가 가능합니다. 유아 86명과 그들의 주요 양육자가 참여하는 무작위 대조연구의 10주간의 공동

주시, 상징적 놀이, 참여 및 규제(NDBI)는 공동 참여를 증가시키기 위한 부모 전용 정신 교육 중재보다 우수했습니다. 부모 훈련 접근법은 교육, 사회적 의사소통 및 부적응 행동 감소와 같은 보호자의 다른 확인된 목표를 준수하도록 촉진하기 위해 사용될 수 있습니다. 중재 과정에 부모를 포함시키는 것이 매우 중요합니다.

모든 중재 모델이 부모가 중재에 참여하는 것을 중요시합니다. 부모는 자폐스펙트럼장애 아이를 어떻게 교육시키는지는 모르지만, 자폐스펙트럼장애 자녀의 중재에서 중심 역할을 합니다. 부모의 참여는 프로그램과 접근 방식에 따라 다릅니다. 사실상 모든 프로그램은 부모에게 최소한 기회를 제공합니다. 자폐스펙트럼장애 아이를 가르치는 데 있어서 전문적인 기술을 훈련받습니다.

하지만 부모가 몇 시간 동안 교육에 참여하는지에 대한 범위는 다양합니다. 참가 여부는 선택 사항이 아니며, 재참가할 것인지 선택할 필요가 있습니다. 빌달 중재 모델의 경우, 집 또는 커뮤니티 환경에서 주당 최소 10시간의 중재가 필요합니다. 이러한 프로그램은 부모에게 필요한 전문 기술에 대해 광범위하게 지도하고 감독하는 것이 필요하며, 자폐스펙트럼장애 아이를 효과적으로 가르칩니다.

LEAP

LEAP 프로그램은 학부모 참여를 강력히 권장합니다. 일주일에

10~15시간이 마련되어 있지만, 꼭 그 시간 모두를 지킬 필요는 없습니다. 학부모 참여 형식은 프로그램별로 상당히 다양하지만, 공통적으로 병원, 센터 또는 가정에서 전문가와의 개별 면담을 제공합니다. 발달 중재 프로그램에서는 가족의 중재가 필요하며, 부모는 아이와 일대일 형식으로 집중하며 중재할 수 있는 시간을 마련해야 합니다. 양육에 따른 상당한 감정적·경제적 스트레스에 대처하기 위해 자폐스펙트럼장애 자녀를 중재하는 것을 넘어 부모 교육이 필요합니다.

부모 교육의 목표는 무엇인가요?

부모 교육은 의사소통 목표 및 기타 발달 영역에 초점을 맞춥니다. 모든 부모 교육 프로그램은 자폐스펙트럼장애와 관련이 있는 의사소통의 문제를 명시적으로 다루고 있습니다. 비록 약간의 차이는 있지만, 각 프로그램은 구체적인 목표, 목표에 따른 추진 전략을 가지고 있습니다. 의사소통뿐만 아니라 다른 발달 영역도 대상으로 하고 있습니다. 참여, 사회적 상호작용, 놀이, 인지 및 학업 능력, 자기돌봄, 행동장애, 운동 능력을 포함해 여러 영역이 분포되어 있습니다.

부모 교육은 자폐스펙트럼장애 아이에게 이렇게 다양한 발달 영역에서 필요한 기술을 가르치기 위하여 실시하는 것입니다. 따라서 프로그램마다 다르며, 가르치는 순서도 다릅니다. 수년에 걸쳐 발달 영역의 교육이 이루어지는 경우도 있습니다. 부모 교육의 목표도 이들 영역에서 아이들에게 필요한 기술을 가르치는 것입니다.

의사소통

언어 능력을 직접 비교할 수는 없습니다. 연령대가 다양하고, 잠재력이 다르기 때문에 프로그램을 넘나드는 아이들은 모집단의 차이가 있지만, 보고된 연구에 따르면, 모델 프로그램들은 50%에서만이 자폐스펙트럼장애 아이의 기능적인 언어를 발달시킵니다. 그러나 일부 프로그램에서는 미취학 졸업생들 중 73%가 졸업 시 말을 했습니다. 또한 다른 프로그램에서는 82%의 아이들이 걸음마 시기에 언어 치료를 시작한 경우 유치원에 들어가기 전에 기능적으로 언어를 사용했습니다.

대부분의 프로그램은 언어를 가르치는 것뿐 아니라 대체 의사소통 수단을 사용했습니다. 여러 프로그램에서 언어, 수화 및 그림 교환 의사소통을 사용합니다. 모든 프로그램은 언어 발달에 있어서 대안적 의사소통 형태를 가르치는 교육에 적극적인 노력을 기울이고 있습니다. 언어 발달도 마찬가지입니다. 일부 프로그램은 언어를 가르치는 것보다는 언어적 소통과 상호작용을 중시하는 개별화 지원 프로그램의 개발에 중점을 둡니다. 문제행동과 마찬가지로 의사소통 기술을 가르치는 것을 중요시하는데, 언어 대화의 언어 중재에 초점을 두는 자연주의적 중재를 강조하는 프로그램입니다. 질문하는 방법(예: “그게 뭐야?”, “어디야?”, “누구야?”, “무슨 일이죠?”)을 가르쳐 다른 친구들과 언어적 상호작용을 하도록 직접 가르치는 경향이 있습니다.

의사소통 향상을 위한 TIP

- 자녀의 의사소통이 불분명하더라도 말과 몸짓으로 응답하세요.
- 자녀의 언어 수준에 맞는 단어와 몸짓을 사용하세요.
- 자녀가 소통할 수 있는 여지를 줄 때까지 기다리세요.
- 자녀가 무엇을 보고 무엇을 하고 있는지 이야기하세요.

참여

'참여'의 용어적 정의는 차이가 있지만, 모든 프로그램이 중재 초기부터 명시적으로 또는 암묵적으로 참여를 가르칩니다. 참여는 어떤 활동이나 사람에 대한 지속적인 관심으로 정의할 수 있습니다.

전통적인 행동 프로그램은 중재의 첫 번째 단계로 '한 단계 지시사항 준수(예: "앉아", "일어나")'를 실시하여, 아이가 선생님의 가르침을 따르도록 하는 것을 준비의 목표로 삼습니다.

자폐스펙트럼장애 아이를 교육하기 위한 종합 프로그램들 중 발달적 중재 모델은 아이가 우선 놀이를 시작하게 하고, 치료사는 아이의 리드를 따라 내용을 확장합니다. 선호도가 높은 장난감을 제공하는 환경을 만들어주고, 선생님은 아이들의 참여를 보장하기 위한 체계적인 방법으로 이 장난감들을 제공합니다.

중심축 반응 훈련(Pivotal Response Training) 접근 방식은 이전에 학습한 작업을 더 새로운 작업과 더 많은 작업 사이에 삽입하여 다양한 프로세스를 진행합니다. 아이들의 관심을 유지하기 위해 도전적인 일과 대응하기 위한 시도를 강화시켜 동기부여 수준을 높입니다.

중심축 반응 훈련

자폐스펙트럼장애 아이의 전반적인 사회적 능력을 향상시키는 데 효과적인 증거 기반 중재 방법입니다. 자폐스펙트럼장애 아이에게 반드시 필요한 중심 영역을 중재하고 일반화하는 것을 주요 목표로 합니다. 구체적 중심축 반응 행동에는 눈맞춤, 시작행동(Self-initiation), 공동 주시, 조망 수용, 도움 요청하기 등이 있습니다. 이와 같은 능력은 일단 습득하면 일상생활에서 일반화시켜 사용할 수 있는 기본적인 기술입니다.

참여 향상을 위한 TIP

- 중심행동 동기유발: 선택할 기회를 제공하고 기존에 학습했던 내용과 새로운 내용을 함께 제시하기, 아이의 시도 강화하기, 자연적이고 직접적인 강화 제공 등이 이루어집니다. 방법으로는 학습자의 관심 유발하기, 함께 조절하기, 학습자의 선택 활용하기 등을 사용합니다.
- 복합 단서에 반응하기: 자극을 다양화하고 단서를 늘립니다. 강화 스케줄을 활용합니다.
- 자기관리: 부모나 교사에 대한 의존도를 감소시킵니다.

• 자발적으로 시작행동하기: 스스로 시작하는 상호작용을 통해 학습하고, 또래 매개를 하거나 학습자 주도적인 전략을 사용하여 지도합니다.

사회적 상호작용

성인과의 상호작용(발달적 중재 모델, 어린 자폐 프로젝트)이나 또래와의 상호작용(LEAP, Walden)에 초점이 맞추어져 있는지에 대해서는 프로그램마다 차이가 있지만, 사실상 모든 프로그램은 사회적 상호작용 중재를 우선순위로 배치하고 있습니다. 개별화 지원 프로그램(Indivilized Support Program)은 가족 지원 모델이기 때문에, 이러한 접근 방식은 부모 및 형제자매와의 사회적 상호작용을 강조합니다.

모든 프로그램은 아이의 장기적이고 독립적인 기능을 촉진하는 것을 최우선 목표로 하기 때문에, 자폐스펙트럼장애 아이를 일반 아이와 함께하는 수업에 동참하게 하며, 이것이 바람직한 장기적인 결과를 가져온다고 인식하고 있습니다. 프로그램 간의 주요 차이점은 자폐스펙트럼장애 아이가 포함되려면 특정한 전제 기술이 필요하다고 가정하여 '준비성' 입장을 취하는지, 아니면 초기 사회적 기술이 가장 실현 가능하게 개발된다는 입장을 취하는지 여부에 초점이 맞춰져 있습니다.

자폐스펙트럼장애 아이를 처음부터 일반 아이들과 함께 중재하게 되는 경우, '발달 중재 모델(Developmental Intervention Model)'과 '어린 자폐 프로젝트(Young Autism Project)'는 초기 중재 기간이 거의 끝날 무렵 일반 또래들과 자폐스펙트럼장애 아이를 성공적으로 통합하는 경향이 있습니다. 이제 아이들이 일대일 수업에서 소그룹 분리 수업으로 가거나, 일반 또래들의 다수를 포함하는 통합 수업으로 이동하는 일련의 과정을 거칩니다. 덴버 센터를 기반으로 한 기존 치료 프로그램이 폐쇄된 한 가지 이유는 일반 또래들과 자폐스펙트럼장애 아이를 동참하게 하는 것의 중요성을 인식했기 때문인데, 이는 현재 유치원에서 기술적 지원을 통해 이루어지고 있습니다.

다수의 모델들은 통합을 위한 다양한 주장에 기초하여 처음부터 통합을 선호하는 선험적 입장을 유지하고 있습니다. LEAP과 Walden 모두, 모든 어린아이들이 사회적으로 상호작용하는 방법을 배울 수 있는 가장 이른 순간부터 정상적인 사회적 학습 기회를 촉진하는 데 중점을 두고 커리큘럼을 개발했습니다.

중추적 반응 모델(Pivotal Response Model)은 학업 수요가 가장 낮은 시기이기 때문에 아이가 학령 전기에 통합이 가장 쉽게 이루어진다는 입장을 취하고 있습니다. 비록 개별화 지원 프로그램이 철학적으로 통합교육에 전념하고 있지만, 현실은 자폐스펙트럼장애 아이를 위한 통합 기회가 매우 제한적이기 때문에 이용할 수 있는 가장 자연스러운 환경에서 중재를 제공하는 실용적인 접근으로 이어집니다. 이는 가정에서 중재하는 부모를 교육하는 일이 반드시 필요한 이유이기도 합니다.

조기 시작 덴버 모델(ESDM)

ESDM(Early Start Denver Model)은 관계에 근거한 발달 치료 접근법으로, 12~48개월 자폐스펙트럼장애 아이의 통합적인 행동을 조기에 중재하기 위해 개발되었습니다. ESDM에 포함된 프로그램은 특정 시기에 가르쳐야 할 발달 커리큘럼을 정의하고, 교육 내용에 사용될 교육과정으로 구성되어 있습니다. 치료 센터나 아이의 가정에서 치료팀과 부모가 치료팀을 이루거나 개별적으로 서비스를 수행합니다. 아이의 관심과 성향을 따라간 다음, 아이가 의사소통하고 상호작용할 수 있는 '발판'을 제공합니다. 12개월 동안 매일 4~5시간 진행하며, 사회적 관계를 중요시합니다.

월든(Walden) 유아 프로그램

월든 유아 프로그램은 자폐스펙트럼장애 아이와 일반적인 또래를 포함하여 유아, 미취학 아이, 유치원 이전 아이에게 연속적인 조기 교육을 제공하기 위해 포괄적이고 부수적인 교육 접근 방식을 취합니다. 커리큘럼은 모든 아이를 위한 유아교육이 언어 및 사회적 발달에 적절하게 집중해야 하며, 부수적인 교육 절차가 통합 목표 달성을 위한 이상적인 매체를 제공한다는 가정에 기초하고 있습니다. 아이들이 가장 선호하는 자료와 활동을 우선시하는 환경

공학을 통해 참여 증진을 강조합니다. 특히, 적극적인 가족 협력이 우선입니다.

사회적 상호작용 향상을 위한 TIP

- 아이가 사회적 상호작용을 하는 동안 긍정적 감정(Affect)을 경험하도록 하고, 이로 인해 타인에게 관심을 기울이게 합니다.
- 각 아이에게 주교사를 할당합니다.
- 또래 관계를 촉진합니다.
- 사회적 행동을 모델링하고 촉진합니다.

놀이

놀이 기술은 사회적 상호작용 및 의사소통 모두와 밀접한 관련이 있습니다. 프로그램마다 놀이를 다루는 방식 또한 상당히 다양합니다. 따라서 놀이는 부모 교육에서 매우 중요하게 강조하는 부분이며, 놀이 활동 과정에서 가르치는 것이 본질적입니다. 자연스러운 상황에서 놀이를 하는 과정에서 아이의 창의성이 강조되고, 또래와의 쌍방향 놀이를 중요시하게 됩니다. 대부분의 프로그램은 아이들의 몸과 마음을 상쾌하게 하는 데 목표가 있습니다. 놀이는 반응 훈련이나 놀이 기술, 장난감이 갖추어진 공간 활용으로 짜여집니다. 예를 들어 아이들은 링 쌓기와 같은 기본적인 기능 놀이 기술을 익히며 막대기를 넣는 구멍에 막대기를 넣는 것이 일상적인 목표입니다.

놀이 향상을 위한 TIP

- 일상놀이에 참여하세요.
- 아이가 하는 놀이를 따라하면서 차례를 지키세요.
- 자녀의 행동을 보고 듣고 자녀와 같은 놀이를 하면서 일상놀이에 참여하세요.
- 흉내를 내면서 부모가 아이의 놀이 아이디어에 보상을 줍니다.
- 다시 보고 싶은 적절한 행동만 따라합니다. 도전적인 행동(던지기)과 부모와 아이 사이의 상호작용이 없는 반복적인 행동(물건을 정렬하거나 물건을 보는 등)을 흉내내지 마세요.
- 일상을 공유하려면 여러 개의 아이템(예: 자동차 2대 또는 인형 2개)을 갖는 것이 가장 좋습니다. 자신의 장난감이나, 다른 사물을 차례로 사용하세요. 그렇게 해야 놀이 동작을 시연하기 위하여 아이의 물건을 가져가 아이를 화나게 하지 않을 것입니다.

인지 능력과 학업 능력

사실상 모든 프로그램이 인지 능력을 가르칩니다. 이 영역에 대한 치료 시간의 분배는 다르지만, 인지 능력의 발달은 프로그램의 중요한 강조점입니다. 물론 인지 능력은 프로그램에서 주요 커리큘럼 우선순위가 아닌 경향이 있기는 합니다. 대부분 다른 아이들과 상호작용하는 기술에 초점을 맞춥니다. 수학, 읽기, 쓰기와 같은 기술은 다음 단계에서 가르칩니다. 일반 유치원 교실에서 학업 준비가 아이의 학교 내 배치를 확보하는 데 도움이 될 수 있기 때문입니다.

인지 능력과 학업 능력 향상을 위한 TIP

- 자녀가 부모의 도움을 받아 연습함으로써 일상생활을 위한 새로운 기술을 배울 수 있습니다.
- 기술을 작은 단계로 나누고, 한 번에 한 단계씩 아이에게 가르칩니다.
- 도움의 수준을 정하세요.
  수준 1: 보여주기와 말하기
  수준 2: 동작을 시작하거나 완료하기 위해 약간의 물리적 도움주기
  수준 3: 아이의 손을 부드럽게 잡고 처음부터 끝까지 모든 행동을 함으로써 많은 신체적 도움주기
- 자녀가 배우게 하세요.
- 명확하고 일관된 지침을 제공하고, 자녀가 노력하는 것에 대해 칭찬합니다.
- 스스로에게 물어보세요: “내가 다른 단계를 가르칠 수 있을까요?”

자기돌봄

행동 프로그램은 일련의 절차를 사용하는데, 자조 기술을 가르

치는 데 있어서 효과가 입증되었습니다. 일반적인 프로그램은 자조 기술을 중요시하지 않는 경향이 있습니다. 아마도 자조 기술이 자폐스펙트럼장애의 핵심 결손으로 간주되지 않기 때문일 것입니다. 그렇지만 자폐스펙트럼장애 아이들은 모든 프로그램에서 독립적인 일상생활 능력의 발달을 추적하며 그것을 교육하고 있습니다. 아이들의 자조 기술을 측정하고 추적한다는 것은 문제행동을 예방하는 데 도움이 됩니다. 도전적인 행동은 자폐스펙트럼장애 아이에게 있어서 더 많은 중재 절차를 필요로 할 정도의 심각한 수준은 아닙니다.

도전적인 행동이나 적합하지 않은 행동을 예방하고 긍정적인 절차를 구축하기 위해서는 개별화된 지원이 필요합니다. 이런 프로그램은 보다 단기적인 문제 해결 접근 방식입니다. 비교적 짧은 시간 내에 종합적이고 긍정적인 행동을 지원하여 입증할 수 있을 만큼 개선하기 위한 전략이 개발되었습니다.

이때 운동 기술 발달 중재 프로그램이 중요한 역할을 하는데, 이는 운동 계획 및 절차를 포함한 운동 기술을 익히는 것입니다. 이 프로그램은 아이의 연령에 맞는 대근육 운동과 소근육 운동 기술을 가르칩니다. 일부 프로그램은 아이의 몸짓과 성대모사를 장려하며, 다른 프로그램은 운동 모방과 운동 계획을 강조합니다.

자기돌봄 향상을 위한 TIP

- 부모와 자녀의 목표를 계속 설정하고 진행을 검토하세요.

  팁 1: 루틴 확장. 보여주고 말하기를 사용하여 새 단계를 추가합니다.

  팁 2: 두 개의 루틴을 연결하여 아이가 할 수 있는 루틴을 확장합니다.
- 부모와 자녀를 위한 배려가 필요합니다.
- 문제 해결 과정을 통해 문제 해결 방법을 찾을 수 있습니다.

대표적인 부모 교육 프로그램에는 어떠한 것들이 있나요?

자폐증을 포함한 발달장애 아동 보호자 교육(WHO CST)

5000만 명 이상의 아이들이 지적장애, 자폐스펙트럼장애, 언어장애 같은 발달장애를 가지고 있습니다. 적절한 지원이 없다면, 이러한 장애를 가진 아이들은 다른 아이들이 당연하게 여기는 교육적⊠사회적 혜택을 받을 수 없을뿐더러, 기회조차 박탈당하곤 합니다. 발달장애 아이들은 종종 학교 입학을 거부당하고, 폭력과 방임, 그리고 다른 형태의 학대를 경험할 가능성이 더 높습니다. 발달장애 아이의 보호자는 종종 오명을 쓰기도 하고, 고립되기도 하며, 가난합니다. 이러한 상황에도 불구하고, 대부분의 발달장애 아이와 가족은 그들에게 필요한 보살핌과 지원에 접근할 수 없습니다.

발달장애 아이를 돌보는 사람에게 육아 프로그램은 그들의 자신감과 육아 기술을 향상시키는 데 특히 도움이 될 수 있습니다. 또한 돌보는 사람과 아이 모두의 복지가 향상되는 쪽으로 이어질 수 있습니다.

이를 감안하여 WHO는 국제 파트너와 함께 발달지체 또는 발달장애를 가진 아이의 가족을 위한 양육자 기술 훈련(CST: Caregivers Skills Training)에 관한 프로그램을 개발했습니다. CST 프로그램은 발달지체 또는 발달장애 아이 양육자가 양육 지원에 쉽게 접근할 수 있도록 지원하기 위해 개발되었습니다. 훈련 프로그램 자료 개발은 발달장애 아이를 위한 양육 및 부모 매개 중재에 대한 증거, 특히 사회 및 의사소통 영역에서 지체 또는 장애 아이 양육자를 대상으로 하는 전략에 대한 증거를 기반으로 했습니다. 훈련 프로그램은 국제 전문가, 서비스 제공자, 양육자 및 가족 옹호자의 피드백에 따라 개발되었으며, 지역 간에 광범위한 현장 테스트를 거쳤습니다.

대상자는 발달지체 또는 발달장애가 있는 2~9세 아이를 돌보는 사람으로, 사회성 및 의사소통 영역에서 지체 또는 장애가 있는 아이를 돌보는 사람에 특별히 초점을 맞춥니다. 중요한 것은 훈련 과정에 접근하기 위해 진단이 필요하지는 않다는 것입니다. 진단 요구 사항이 없다는 것은 발달지체가 확인되면 훈련 프로그램을 가족에게 제공할 수 있다는 것을 의미합니다. 이는 다른 잠재적 장벽(발달장애가 있는 아이의 부모라고 자신을 식별하는 것을 꺼릴 수 있는 가능성, 발달장애가 있는 아이를 돌보는 사람만을 위한 치료라고 불리는 과정에 참여하는 것으로부터 받는 낙인의 경험 등)을 줄일 수 있습니다. 일차의료 제공자, 지역사회 의료 종사자, 교육 제공자 또는 전문가가 각 가정에 양육자 기술 훈련 과정을 추천할 것으로 예상됩니다.

이 과정은 양육자를 위한 핵심 그룹 세션 9개와 가정 방문 3개로 설계되었습니다. 그룹 세션은 의료 시설, 학교 또는 기타 지역사회 기반 시설에서 제공할 수 있습니다. 각 그룹 세션은 휴식을 포함하여 2.5~3시간 동안 지속됩니다. 세션은 지역 맥락에서 양육자에게 가장 실현 가능한 것에 따라 매주 또는 2주마다 일정을 잡을 수 있습니다. 가정 방문은 과정의 시작 지점, 중간 지점, 종료 지점에 일정이 잡혀 있습니다. 즉 그룹 세션 1 이전, 세션 5와 6 사이, 마지막 그룹 세션 이후가 됩니다. 가정 방문은 지리적 거리, 안전 문제 또는 기타 문제로 인해 가정 방문이 불가능한 경우 지역사회 내 다른 곳에서 제공될 수 있지만, 일반적으로 양육자의 집에서 수행되며 각각 1.5~2시간 동안 지속됩니다. 일반적으로 가정당 양육자 2명이 그룹 세션에 참여하도록 초대됩니다. 핵심 9세션 과정은 그룹 세션과 가정 방문을 위해 화상회의를 통한 가상 전달에도 적용되었습니다. 양육자의 복지와 관련된 전략을 습득할 수 있는 시간이 부족한 경우, 그룹 세션과 가정 방문을 추가로 제공하여 양육자의 요구에 맞춘 전략을 습득할 수 있습니다.

* 참고 사이트: 한국자폐인사랑협회

사회적 의사소통, 정서 조절, 교류 지원(SCERTS) 모델

SCERTS는 자폐스펙트럼장애 아이와 노인 및 그 가족을 위한 포괄적인 중재 모델입니다. 이 모델은 자폐스펙트럼장애가 아닌 사람들에게도 사용할 수 있습니다. SCERTS는 개인이 유능하고 자신감 있는 사회적 의사소통자와 능동적인 학습자가 될 수 있도록 돕기 위한 구체적인 지침을 제공합니다. 개인이 학습과 참여에 가장 적합한 상태에 이르도록 돕고, 문제행동을 예방하기 위한 지침도 제공합니다. SCERTS는 가족, 교육자 및 치료사가 신중하게 조정된 방식으로 협력할 수 있도록 설계되었습니다. SCERTS 모델은 현재 미국 전역과 12개 이상의 국가에서 구현되고 있습니다.

'SCERTS'라는 약자는 다음에 초점을 맞추는 것을 의미합니다.

- SC: Social Communication. 사회적 의사소통. 자발적이고 기능적인 의사소통, 감정 표현, 아이 및 성인과의 안전하고 신뢰할 수 있는 관계를 발전시킵니다.
- ER: Emotional Regulation. 정서 조절. 일상적인 스트레스에 대처하기 위해 잘 조절된 감정 상태를 유지하고, 학습과 상호작용에 가장 유용하게 사용할 수 있는 능력을 개발합니다.
- TS: Transactional Support. 교류 지원. 파트너가 개인의 요구와 관심에 대응하고 환경을 수정하며 학습 향상을 위한 도구를 제공할 수 있도록 개발과 실행을 지원합니다. 구체적인 계획을 수립하여 가족에게 교

육적·정서적으로 지원하고, 전문가 간의 팀워크를 함양합니다.

SCERTS의 독특한 특징은 가장 중요한 과제를 해결하는 동시에 강점을 확인하고 구축한다는 것입니다. 이는 가족과 전문가의 파트너십을 통해 달성된 SCERTS 모델의 연구 및 근거 기반이며, 장기적으로 가장 긍정적인 결과를 도출할 수 있는 능력과 지원을 우선시함으로써 달성되었습니다. 가족 구성원과 교육 팀에게 자폐스펙트럼장애 아이와 그 가족의 삶의 질을 향상시킬 종합적인 근거 기반 프로그램을 실행하기 위한 계획을 제공합니다. 목표와 목표의 틀은 다양한 발달 능력을 가진 사람들 사이에서 사용할 수 있습니다. 초기 진단부터 전 초등학년 및 그 이후까지 사용할 수 있는 모델입니다.

가정, 학교, 지역사회 및 직업 환경을 포함한 다양한 사회환경의 고유한 요구를 충족하도록 조정할 수 있습니다. SCERTS 모델은 팀이 아이의 진도를 측정하고, 아이의 파트너(교육자, 또래 및 가족)가 사용할 필요한 지원을 결정할 수 있도록 잘 조정된 유연한 평가 프로세스를 포함합니다. 이 평가 프로세스는 아이의 학습 관심 유형에서 기능적, 의미적, 발달적으로 적합한 목표를 개인차로 선택하고, 동기를 존중하는 부모를 파트너로 포함하고, 가족의 문화와 생활양식이 포함되도록 합니다. 아이가 하루 종일 의미 있는 기능적 활동을 하고 있음을 이해하고 존중하며, 파트너와 활동 및 환경 전반에 걸쳐 일관되게 지원할 수 있도록 개발되어 사용됩니다.

SCERTS 커리큘럼은 발전적으로 순서가 매겨지며 교육 목표로 명시된 특정 기술과 적절한 지원이 가정, 학교 및 지역사회와 같은 다양한 환경에서 일관된 방식으로 선택되고 적용되도록 하는 체계적인 프레임워크를 제공합니다. 이 프로세스를 통해 가족과 교육팀은 일상 활동에서 시작된 의사소통과 정서 조절을 촉진하는 데 특정한 초점을 맞춘 광범위한 증거 기반 관행을 이끌어 낼 수 있습니다. SCERTS 모델은 다양한 파트너와 다양한 환경에서 기능적인 관련 기술을 학습하고 자발적으로 적용할 수 있는 능력으로 정의되는 '진정한 진전'을 달성하도록 돕는 데 가장 관심이 있습니다.

* 참고 사이트: SCERTS Model

RUBI 자폐증 네트워크 프로그램

이 프로그램은 처음에 리스페리돈 단독 치료 및 리스페리돈과 부모 훈련의 다기관 무작위 임상 시험의 준비 과정에서 소아정신건강의학과와 약리학회(RUPP: Research Units on Pediatric Psychopharmacology) 자폐증 네트워크의 공동 노력으로 2002년에 개발되었습니다. 이 프로그램의 내용과 구조는 연구 현장에서 신뢰할 수 있는 전달을 촉진하고 심각한 문제행동을 동반한 자폐스펙트럼장애가 있는 학령기 아이의 치료를 위해 약물에 대한 보조 역할을 하도록 설계되었습니다.

이 매뉴얼은 정상 발달 아이를 위해 설계된 부모 훈련 프로그램과 자폐스펙트럼장애 및 지적장애에 관한 행동 문헌에서 추출한 것입니다. 프로그램 개발의 목표는 자폐스펙트럼장애 아이의 문제행동을 줄이기 위한 효과적인 행동 기법을 부여하고 일상생활 기술의 학습을 촉진하기 위한 구조화된 부모 훈련 매뉴얼을 작성하는 것이었습니다.

이 프로그램에서 다루는 분야에는 행동수정과 포괄적인 행동지원의 필수 요소들이 포함됩니다. 행동수정의 요소에는 표적행동에 대한 기능적인 평가, 선행사건 및 예방 전략, 강화 전략, 기능적 의사소통 훈련 그리고 일상생활 기술 가르치기에 대한 지침이 포함됩니다. 순서 및 선택된 기법은 이용 가능한 증거(예: 단일 피험자 설계 시험에서 얻은 증거), 일반적으로 보고되는 부모의 우려 사항(예: 지시 따르지 않기, 문제행동) 및 자폐스펙트럼장애 아이에게 부족한 충분히 입증된 적응력 장애에 근거합니다. 마지막으로 이 프로그램은 아이의 안정된 변화를 촉진하고, 학습한 기술을 미래의 상황과 환경에서 적용할 수 있는 부모의 능력을 향상시키기 위해 일반화와 유지에 중점을 두었습니다.

부모 훈련 프로그램 자체는 11개의 핵심 회기와 특정 아이의 필요를 충족시키기 위한 7개의 보충 회기로 구성됩니다. 부모 훈련의 핵심 및 보충 회기의 지속 시간은 60~90분입니다. 부모 또는 양육자 모두 부모 훈련 회기에 참석하도록 권장하지만, 한 명의 부모 또는 양육자는 반드시 모든 회기에 참석하여 중심이 되도록 요구합니다. 핵심 회기와 보충 회기는 매주 제공해야 합니다. 이것이 완료된 후에는, 이전 회기에서 다룬 수업을 적용할 수 있는 기회를 부모에게 주기 위해 방문을 격주로 확대합니다.

* 참고 사이트: The RUBI Autism Network

제9장

발달장애인 지원 제도에는 어떤 것들이 있나요?

요약

자폐스펙트럼장애 아이를 돌보는 부모의 고통은 겪어보지 않은 사람은 상상조차 어려울 정도로 큽니다. 우리 사회는 그들의 고통을 덜어주기 위해 그들을 지원하는 제도와 서비스를 마련하고 있습니다. 물론 그 지원 서비스가 충분하지는 않습니다. 그런데 그 충분치 않은 발달장애인 지원 서비스조차도 제도를 모르거나 서비스 혜택을 받는 절차 등을 몰라 당연히 받아야 할 서비스도 제대로 받지 못하는 경우가 있습니다.

자폐스펙트럼장애를 겪고 있는 아이 및 그 부모에 대한 지원 필요성이 증대됨에 따라, 2013년부터 중앙장애아동발달장애인지원센터가 설립되어, 개인별 지원계획 수립 지원, 부모 교육(상담) 지원, 방과후활동 지원, 긴급돌봄 시범사업 등 복지 지원 서비스를 운영하고 있습니다.

이 장에서는 현재 운영 중인 발달장애인 복지 지원 서비스와 자폐스펙트럼장애인이 받을 수 있는 지원의 내용과 절차에 대해 소개하겠습니다. 구체적인 서비스의 내용과 범위는 매년 사업계획에 따라 일부 변동될 수 있으므로 자세한 사항은 센터 홈페이지(www.broso.or.kr) 및 서비스 담당자를 통해 확인할 필요가 있습니다.

* 중앙장애아동 · 발달장애인지원센터

*복지로 홈페이지

개인별 지원계획 사업

자폐스펙트럼장애의 양상과 장애의 정도는 각 개인별로 다르게 나타나며, 이에 따라 아동별로 필요한 지원 서비스가 다를 수 있습니다. 중앙장애아동·발달장애인지원센터(이하 센터)에서는 아이의 나이, 특성 및 서비스 수요자의 요구에 맞추어 받을 수 있는 지원 서비스의 종류를 안내하고, 맞춤형 지원이 이루어질 수 있도록 서비스 이용 계획 수립을 지원하고 있습니다.

발달장애인(장애인복지법상 등록 필요)과 발달장애인의 가족이라면 이러한 서비스를 신청할 수 있으며, 만 6세 미만의 아이의 경우 별도로 장애 등록을 하지 않더라도 서비스 신청을 할 수 있습니다. 단, 이러한 경우 병원에서 신청일로부터 6개월 이내에 발급받은 의사의 소견서(진단서) 또는 발달재활서비스 의뢰서가 있어야 합니다.

서비스를 이용하고자 하는 경우 주민센터 혹은 센터에 신청한 후 상담을 받고 개인별 지원계획 회의가 이루어진 뒤 시청 혹은 군청의 심사를 거쳐 개인별 지원계획이 수립되면 이에 따른 서비스를 이용하면 됩니다.

방과후활동 서비스

발달장애 아동이 방과 후에 음악, 미술, 모임, 체험활동 등 다양한 활동을 경험할 수 있도록 방과후활동 서비스를 운영하고 있습니다. 만 6세부터 18세 미만의 등록 발달장애인과 발달장애인의 가족이 주민센터, 센터 또는 복지로 홈페이지(www.bokjiro.go.kr)에서 신청하여 심사를 받은 경우 이용할 수 있습니다.

다만, 방과후활동 서비스의 경우 이용 가능 인원에 제한이 있고, 월 이용 가능 시간 역시 2023년 기준 66시간이며, 낮에 지역아동센터, 다함께돌봄센터 등 다른 기관에 다니는 경우나 초등돌봄교실 및 특수학교 종일반을 이용하는 경우 이용할 수 없는 등 제한사항이 있을 수 있으므로 가까운 지역 센터에 문의해볼 필요가 있습니다.

주간활동 서비스

방과후활동 서비스가 만 18세 미만의 미성년 발달장애인을 위한 것이라면, 만 18세 이상 만 64세 미만의 성인 발달장애인을 위한 서비스로는 주간활동 서비스를 운영하고 있습니다. 주간활동 서비스는 모임, 산책, 운동, 영화 및 공연 관람 등으로 이루어지며, 수요자의 니즈에 따라 선택할 수 있습니다.

만 18세부터 만 64세 이하의 등록 발달장애인과 그 가족이 신청할 수 있으며, 주민센터 또는 복지로 홈페이지에서 신청하여 심의위원회의 심사를 마친 뒤 이용할 수 있습니다. 대상자로 선정되는 경우, 수급자별로 바우처가 지급되며 발급된 바우처는 국민행복카드를 발급받아 이용할 수 있습니다. 방과후활동 서비스와 마찬가지로 이용 가능 인원에 제한이 있으며, 월 이용 가능 시간은 2023년 기준 기본형은 132시간, 확장형은 172시간입니다. 낮에 장애인 주간보호시설에 다니거나 취업한 경우 등 일정한 경우에는 신청이 불가하므로 서비스 대상자에 해당하는지 여부에 대한 별도 확인이 필요합니다.

부모 상담 지원사업

발달장애 아동의 보호자는 사회활동 및 여가활동 등 개인적 활동이 사실상 곤란하여 일상생활에 지장이 있을 정도의 우울감을 경험하는 경우가 자주 있습니다. 보호자가 건강한 정신상태를 유지하는 것이 발달장애 아동의 삶의 질을 위해서도 중요한 것인 만큼 부모 상담 지원사업도 운영하고 있습니다.

등록 발달장애인의 부모 및 보호자가 신청할 수 있으며, 자녀가 만 6세 미만의 영유아인 경우, 병원에서 신청일로부터 6개월 이내에 발급받은 의사의 소견서(진단서) 또는 발달재활 서비스 의뢰서가 있다면 등록 여부와 무관하게 신청할 수 있습니다.

회당 50~100분(개별상담 50분, 집단상담 100분) 내외, 월 3~4회 이상의 상담이 12개월 간 제공되며, 최대 12개월까지 연장할 수 있습니다. 지원은 1인당 월 20만 원 이하의 금액을 바우처 형태로 제공하는 방법으로 이루어지며, 정부 바우처 지원액 16만 원을 초과하는 금액은 본인이 부담하여야 합니다.

서비스 신청은 주민등록상 주소지 관할 주민센터 또는 시·군·구 방문 신청 또는 복지로 홈페이지(www.bokjiro.go.kr)에서 신청할 수 있습니다.

부모 교육 지원사업

발달장애 자녀를 양육하는 경우에는 평범한 자녀를 양육할 때보다 자녀에 대한 이해를 위해 부모 혹은 가족이 배워야 할 것이 많습니다. 이에 센터에서는 발달장애 자녀를 둔 부모와 그 가족에게 필요한 정보와 교육을 제공하는 사업을 운영하고 있습니다.

교육 내용은 영유아기 및 성인전환기 부모 교육과 성·인권 교육으로 나눠져 있으며, 가까운 지역 센터에 문의하여 교육받을 수 있습니다.

교육 시간과 내용은 센터 일정에 따라 달라지므로 필요한 내용의 교육 프로그램이 운영 중인지 여부를 센터에 문의해야 합니다.

장애아 가족 양육지원사업

장애의 정도가 심한 아이와 거주하고 있는 가정의 양육 부담을 경감하고, 보호자의 사회활동을 지원하기 위해 돌봄서비스와 휴식지원프로그램을 운영하고 있습니다.

만 18세 미만의 등록 장애 아동 중 장애의 정도가 심한 아이와 생계 및 주거를 같이하는 가정이라면 주민등록상 주소지 관할 주민센터 또는 시·군·구에 돌봄서비스를 신청할 수 있으며, 거주지 주변 장애아 가족 양육지원사업 시행기관에 휴식지원프로그램을 신청할 수 있습니다.

돌봄서비스는 일정한 교육을 받은 돌보미를 장애 아동의 가정 등에 파견하여 돌봄에 대한 지원을 제공하는 서비스로, 1명의 아동당 연간 960시간 이내로 지원이 가능합니다. 기준 중위소득 120% 이하 가정의 경우 무료로, 기준 중위소득 120% 초과 가정의 경우 시간당 이용료의 40%(4,740원, 2023년 기준)를 본인 부담으로 돌봄서비스를 이용할 수 있습니다. 위 960시간을 초과하는 서비스 이용에 대해서는 소득 기준과 상관없이 시간당 이용료 전액(1만 1,850원)이 부과됩니다.

지역 센터 안내
(전국 18개소)

18개소의 지역 센터를 전국 주요 거점에 설치하여 운영하고 있습니다. 2023년 기준 운영 중인 지역 센터의 주소와 전화번호는 아래 표와 같으니 거주지와 가까운 지역 센터를 알아두면 도움이 될 것입니다.

센터명	주소	전화번호
중앙센터	서울특별시 영등포구 의사당대로 22 이룸센터 7층	02-3433-0743
서울센터	서울 종로구 삼일대로 469(경운동) 서원빌딩 4층	02-2135-3635
부산센터	부산광역시 동구 조방로 14 동일타워 8층 808호	051-714-7360
대구센터	대구광역시 중구 국채보상로 648 SHL동성빌딩 8층	053-719-0340
인천센터	인천광역시 남동구 백범로 357 한국교직원공제회 인천회관 7층	032-715-4363
광주센터	광주광역시 서구 상무시민로 103 상무비즈센터 302호	062-714-3352
대전센터	대전광역시 중구 중앙로 118 대전도시공사 3층	042-719-1085
울산센터	울산광역시 중구 번영로 470 중울산새마을금고 6층 B-4호	052-710-3154
세종센터	세종특별자치시 새롬로 14 새롬종합복지센터 2층	044-414-9172
경기센터	경기도 수원시 권선구 서수원로 130 누림센터 304호	031-548-1393
강원센터	강원도 춘천시 옥산포길 17-8(사농동)	033-817-2357

센터명	주소	전화번호
충북센터	충북 청주시 상당구 용담로 7(문화동 센트럴칸타빌) 161호	043-716-2160
충남센터	충청남도 천안시 서북구 동서대로 163(충남타워) 7층 704호	041-415-1215
전북센터	전라북도 전주시 완산구 홍산로 245 7층 702호	063-714-2610
전남센터	전라남도 무안군 삼향읍 후광대로 282 전문건설회관 4층	061-802-1062
경북센터	경상북도 안동시 풍천면 천년숲서로 7-19 화인비즈니스타운 601호	054-805-7310
경남센터	경상남도 창원시 성산구 중앙대로 263 오피스프라자 608호	055-716-2390
제주센터	제주특별자치도 제주시 연북로 33 KT&G 제주본부 3층	064-803-3714

권리구제

발달장애 아동이 성장하는 과정에서 피치 못하게 범죄의 피해자가 되거나 가해자가 되는 경우가 발생할 수 있습니다. 센터에서는 이러한 경우에 수사 혹은 재판을 받아야 하는 발달장애인을 위한 조력을 제공하고 있습니다. 필요한 경우 센터 직원이 발달장애인과 함께 경찰서 및 법원에 동행할 수 있으며, 문제 해결을 위한 조력을 제공하기도 합니다. 자세한 사항은 가까운 지역 센터에 문의하여 상담을 받아보아야 합니다.

지원 서비스를 이용할 때 발생할 수 있는 문제

장애인활동지원서비스를 실제로 이용하면서 겪을 수 있는 제약사항을 연구하기 위하여 발달장애 아동의 부모에 대한 심층 인터뷰를 진행한 국내 논문[**] 내용을 살펴보면, 상당수의 발달장애 아동의 보호자가 지원 서비스를 이용하는 과정에서 불편을 겪는 것으로 파악되었습니다.

아래에서는 위 논문 내용에 나타난 애로사항에 대하여 소개함으로써 향후 지원 서비스를 이용하고자 하는 보호자가 겪을 수 있는 곤혹스러움을 조금이라도 경감해보고자 합니다.

주민센터 담당 공무원의 미숙

관련 사업 안내 책자, 병원, 인터넷 등에서 지원 서비스에 관한 정보를 취득한 후 주민센터에 방문하더라도 담당 공무원이 관련 제도를 완전히 숙지하지 못하여 오히려 잘못된 정보를 제공하고, 신청을 반려하는 경우가 발생하고 있는 것으로 파악됩니다.

이러한 경우 지역 센터나 지역 사업시행기관 담당자의 도움을 받는 것이 조기에 문제를 해결하는 방법이 될 수 있으므로 이러한 사항을 미리 염두에 둘 필요가 있습니다.

서비스 제공기관 선택의 문제

심사 절차를 거쳐 활동지원서비스 등 위 지원 서비스 이용 대상으로 선정되면 수급자가 지역에서 서비스를 제공하는 기관과 인력을 선택하도록 되어 있습니다. 그러나 지역에 따라서는 한 곳의 제공기관만을 선택하여 연락을 취했다가는 실제 인력이 매칭되지 않는 문제가 발생할 수 있습니다. 따라서 집 근처에 있는 다수의 서비스 제공기관에 연락을 취해볼 필요가 있습니다.

또한 발달장애 아동에 대한 이해도가 높고 아이와 잘 맞는 활동지원사를 만나는 것이 좀처럼 쉽지 않을 수 있으므로 활동지원사를 선택할 때 신중을 기할 필요가 있으며, 사전에 활동지원사에 대한 정보를 최대한 많이 파악하는 노력이 필요할 것으로 사료됩니다.

이상 발달장애인과 발달장애인의 가족이 받을 수 있는 서비스에 대해 알아보았습니다. 향후 이들 서비스의 양과 질이 보다 향상되기를 희망합니다.

참고문헌

* 정희정, 은백린, 김성우, 유희정, 엄소용, 김준식, 이영목, 임병찬, 고성은, 권정이, 나동욱, 이지선, 박수빈, 유한익, 노동현, 홍민하. 영유아 발달장애 정밀진단 및 사후관리 표준 프로토콜 개발

2015.08.~2016.06. 질병관리본부 국가정책연구 최종보고서. 오송, 질병관리본부;2016

** 김주옥, 김수영.(2023). 장애인활동지원 서비스의 선택 제약에 관한 연구-발달장애 아동 부모의 서비스 이용 패턴을 중심으로-. 한국사회복지학, 75(3), 189-221, 10. 20970/kasw.2023.75.3.007

American Psychiatric Association. Neurodevelopmental disorders: DSM-5® selections. Washington, DC, American Psychiatric Pub; 2015

Beery KE, Buktenica NA, Beery NA. The Beery–Buktenica Developmental Test of Visual–Motor Integration: Administration, scoring, and teaching manual(6th ed.). Minneapolis, MN, Pearson; 2010

Bishop-Fitzpatrick L, Hong J, Smith LE, Makuch RA, Greenberg JS, Mailick MR. Characterizing Objective Quality of Life and Normative Outcomes in Adults with Autism Spectrum Disorder: An Exploratory Latent Class Analysis. J Autism Dev Disord. 2016;46:2707-2719

Dawson G, Rogers S, Munson J, Smith M, Winter J, Greenson J, Donaldson A, Varley J. Randomized, controlled trial of an intervention for toddlers with autism: the Early Start Denver Model. Pediatrics. 2010;125:e17-23

Dunn W. Sensory Profile 2 Manual. Bloomington, MN, Pearson; 2014

Eapen V, Karlov L, John JR, Beneytez C, Grimes PZ, Kang YQ, Mardare I, Minca DG, Voicu L, Malek KA, Ramkumar A, Stefanik K, Gyori M, Volgyesi-Molnar M. Quality of life in parents of autistic children: A transcultural perspective. Front Psychol. 2023;14:1022094

Frye RE. A Personalized Multidisciplinary Approach to Evaluating and Treating Autism Spectrum Disorder. J Pers Med. 2022;12:464

Fuentes J, Hervás A, Howlin P;(ESCAP ASD Working Party) ESCAP practice guidance for autism: a summary of evidence-based recommendations for diagnosis and treatment Eur Child Adolesc Psychiatry. 2021;30:961-984

Genovese A, Butler MG. Clinical Assessment, Genetics, and Treatment Approaches in Autism Spectrum Disorder(ASD). Int J Mol Sci. 2020;21:4726

Grayson DR, Cuidotti A. Merging data from genetic and epigenetic approaches to better understand autistic spectrum disorder. Epigenomics. 2016;8:85-104

Greaves-Lord K, Skuse D, Mandy W. Innovations of the ICD-11 in the Field of Autism Spectrum Disorder: A Psychological Approach. Clin Psychol Eur. 2022;4:e10005

Hume K, Steinbrenner JR, Odom SL, Morin KL, Nowell SW, Tomaszewski B, Szendrey S, McIntyre NS, Yücesoy-Özkan S, Savage MN. Evidence-Based Practices for Children, Youth, and Young Adults with Autism: Third Generation Review. J Autism Dev Disord. 202;51:4013-4032

Hyman SL, Levy SE, Myers SM; COUNCIL ON CHILDREN WITH DISABILITIES, SECTION ON DEVELOPMENTAL AND BEHAVIORAL PEDIATRICS. Identification, Evaluation, and Management of Children with Autism Spectrum Disorder. Pediatrics. 2020;145:e20193447

Lee N, Hong Y, Kim Y. Screening Instruments for Autism Spectrum Disorder: Mini Review. J Korean Neuropsychiatr Assoc. 2019;58:192-201

LaVigna GW, Willis TJ. The efficacy of positive behavioural support with the most challenging behaviour: the evidence and its implications. J Intellect Dev Disabil. 2012;37:185-195.

Lord C, Gotham K, Guthrie W. Autism diagnostic observation schedule, second edition(ADOS-2) manual. Torrance, CA, Western Psychological Services; 2012

Lord C, Elsabbagh M, Baird G, Veenstra-Vanderweele J. Autism spectrum disorder. Lancet. 2018;392:508-520

Lord C, Brugha TS, Charman T, Cusack J, Dumas G, Frazier T, Jones EJH, Jones RM, Pickles A, State MW, Taylor JL, Veenstra-VanderWeele J. Autism spectrum disorder. Nat Rev Dis Primers. 2020;6:5

Mullen EM. Mullen Scales of Early Learning: AGS Edition. Minneapolis, MN, American Guidance Services; 1995

Robins DL, Casagrande K, Barton M, Chen CM, Dumont-Mathieu T, Fein D. Validation of the modified checklist for autism in toddlers, revised with follow-up(M-CHAT-R/F). Pediatrics. 2014;133:37–45

Rogers SJ, Vismara LA. Evidence-based comprehensive treatments for early autism. J Clin

Child Adolesc Psychol. 2008;37:8–38

Salari N, Rasoulpoor S, Rasoulpoor S, Shohaimi S, Jafarpour S, Abdoli N, Khaledi-Paveh B, Mohammadi M. The global prevalence of autism spectrum disorder: a comprehensive systematic review and meta-analysis. Ital J Pediatr. 2022;48:112

Sandbank M, Bottema-Beutel K, Crowley S, Cassidy M, Dunham K, Feldman JI, Crank J, Albarran SA, Raj S, Mahbub P, Woynaroski TG. Project AIM: Autism intervention meta-analysis for studies of young children. Psychol Bull. 2020;146:1-29

Sandbank M, Bottema-Beutel K, Crowley LaPoint S, Feldman JI, Barrett DJ, Caldwell N, Dunham K, Crank J, Albarran S, Woynaroski T. Autism intervention meta-analysis of early childhood studies(Project AIM): updated systematic review and secondary analysis. BMJ. 2023;383:e076733

Shaw KA, Bilder DA, McArthur D, Williams AR, Amoakohene E, Bakian AV, Durkin MS, Fitzgerald RT, Furnier SM, Hughes MM, Pas ET, Salinas A, Warren Z, Williams S, Esler A, Grzybowski A, Ladd-Acosta CM, Patrick M, Zahorodny W, Green KK, Hall-Lande J, Lopez M, Mancilla KC, Nguyen RHN, Pierce K, Schwenk YD, Shenouda J, Sidwell K, Vehorn A, DiRienzo M, Gutierrez J, Hallas L, Hudson A, Spivey MH, Pettygrove S, Washington A, Maenner MJ. Early Identification of Autism Spectrum Disorder Among Children Aged 4 Years - Autism and Developmental Disabilities Monitoring Network, 11 Sites, United States, 2020. MMWR Surveill Summ. 2023;72:1-15.

Sparrow SS, Cicchetti DV, Saulnier CA. Vineland Adaptive Behavior Scales, Third Edition(Vineland-3). San Antonio, TX, Pearson; 2016

Steinbrenner JR, Hume K, Odom SL, Morin KL, Nowell SW, Tomaszewski B, Szendrey S, McIntyre NS, Yücesoy-Özkan S, Savage MN. Evidence-based practices for children, youth, and young adults with autism. Chapel Hill, The University of North Carolina, Frank Porter Graham Child Development Institute, National Clearinghouse on Autism Evidence and Practice Review Team; 2020

Taylor LE, Swerdfeger AL, Eslick GD. Vaccines are not associated with autism: an evidence-based metaanalysis of case-control and cohort studies. Vaccine. 2014;32:3623–3629

Tick B, Bolton P, Happé F, Rutter M, Rijsdijk F. Heritability of autism spectrum disorders: a meta-analysis of twin studies. J Child Psychol Psychiatry. 2016;57:585–595

Wong C, Odom SL, Hume KA, Cox AW, Fettig A, Kucharczyk S, Brock ME, Plavnick JB, Fleury

VP, Schultz TR. Evidence-Based Practices for Children, Youth, and Young Adults with Autism Spectrum Disorder: A Comprehensive Review. J Autism Dev Disord. 2015;45:1951-1966

Zwaigenbaum L, Bauman ML, Choueiri R, Kasari C, Carter A, Granpeesheh D, Mailloux Z, Smith Roley S, Wagner S, Fein D, Pierce K, Buie T, Davis PA, Newschaffer C, Robins D, Wetherby A, Stone WL, Yirmiya N, Estes A, Hansen RL, McPartland JC, Natowicz MR. Early Intervention for Children With Autism Spectrum Disorder Under 3 Years of Age: Recommendations for Practice and Research. Pediatrics. 2015;136 Suppl 1: S60-81

Zwaigenbaum L, Bauman ML, Stone WL, Yirmiya N, Estes A, Hansen RL, McPartland JC, Natowicz MR, Choueiri R, Fein D, Kasari C, Pierce K, Buie T, Carter A, Davis PA, Granpeesheh D, Mailloux Z, Newschaffer C, Robins D, Roley SS, Wagner S, Wetherby A. Early screening of autism spectrum disorder: recommendations for practice and research. Pediatrics. 2015;136 suppl 1: S41–S59

Zwaigenbaum L, Young GS, Stone WL, Dobkins K, Ozonoff S, Brian J, Bryson SE, Carver LJ, Hutman T, Iverson JM, Landa RJ, Messinger D. Early head growth in infants at risk of autism: a baby siblings research consortium study. J Am Acad Child Adolesc Psychiatry. 2014;53:1053–1062

부모를 위한 자폐스펙트럼장애 지침서

초판 1쇄 발행일 2024년 10월 15일

지은이 대한소아청소년과학회 발달위원회
펴낸이 유성권
편집장 이재선
기 획 유지인
마케팅 김호철, 최성규, 김진형, 정명한, 김모란, 노예련,
한태수, 임예설, 김지현, 김채환, 박수경
판 형 150*210 mm

펴낸곳 범문에듀케이션
출판등록 2011년 1월 3일 제 2011-000001호
주소 서울시 양천구 목동서로 211 범문빌딩 (우 07995)
전화 02)2654-5131 팩스 02)2652-1500
홈페이지 www.medicalplus.co.kr

ISBN 979-11-5943-469-3 (13510)